ファーストコールカンパニーシリーズ

やっぱり気になる「住まいと暮らしビジネス」

社会課題を解決に導く5つのアプローチ

山本剛史 著
タナベ経営 住まいと暮らしビジネスコンサルティングチームリーダー
＋
タナベ経営 住まいと暮らしビジネスコンサルティングチーム 編

ダイヤモンド社

はじめに

時代の変化に挑む

事業ライフサイクル二〇年

事業は時代とともに変遷し、二〇年で大きな節目を迎えるといわれています。住宅をめぐる環境も、二〇年ごとに区切ってみるとその変化がよく分かります。量の充足が完了した一九七〇年代は「住まいの時代」。初の世帯数三人割れが始まった一九九〇年代は暮らし方が問われだした「住まいと暮らしの時代」。そして二〇一〇年以降は、人口減少・少子高齢化により住まいのつくり手である職人不足、増え続ける空き家問題、過疎化と、「社会課題解決時代」が到来しているのだと、私は考えます。

「社会課題を解決するとは大仰な」と思われるかもしれません。しかし、これらの社会課題は待ったなしの状況にまで来ています。「誰かが何とかするだろう」――そんな他力本願な考え方は捨てるべき時機が来ています。

業種・業態の壁を越える

タナベ経営では、「住まいと暮らしビジネス成長戦略研究会」を二〇一四年に発足させました。急激な変化期を迎えている住まいと暮らし業界こそ、新たなビジネスモデルを必要としていると感じたからです。

総務省の定める日本標準産業分類には〝住まいと暮らし業〟はありません。しかしながら、既存の産業分類にとらわれない視点が必要です。

業界には、さまざまな常識や慣習がはびこっています。住まいと暮らし分野の中心である住宅、建設、不動産業界では、これが特に顕著であるといえます。就業人口が多いからなのか、内需型だからなのか――理由はさておき、とにかく横並び意識が強いのです。それゆえ、常識を覆すような新しいビジネスモデルを引っ提げて快進撃を続ける経営者が現れると、業界では「異端児」と呼ばれ排除されてしまいます。これでは業界全体の発展は望めません。

現代物理学の父ともいわれるアルベルト・アインシュタイン博士は、「常識とは一八歳までに積み上げられた先入観の堆積物にすぎない」と言っています。生き残るためには、業界の常識に縛られることなく、新たなチャレンジを試みていくことが必要です。

したがって、本書では異業種の事例も交えながら解説をしています。

一・一〇・一〇〇を目指す

タナベ経営では、「一・一〇・一〇〇」、つまり、「一：ファーストコール（一番に想起され、声がかかる）」、「一〇：経常利益率一〇％」、「一〇〇：一〇〇年発展」を合言葉に企業支援活動を続けています。

先に述べた通り、時代は急激に変化しています。常識も常に変化しています。一般顧客である私たちの価値観も変化しています。変わらないのは、旧態依然とした業界のビジネスモデルだけです。

顧客の変化は、企業に変革を迫ります。

住まいと暮らし研究会では、日本全国の住まいと暮らしに関わる先進・先端企業の経営トップに講師をお願いし、どこに各企業の拡大・成長の秘訣《ひけつ》があるのかを探ります。言葉だけでは伝わりにくいことも多々あるため、直接モデル企業に足を運び、固有の技術、商品・サービスから、そこで働く社員の声やその街の雰囲気まで、さまざまなことを肌で感じていただくことを大事にしています。

全国から志高き経営者・後継者・経営幹部が集い、参加者同士、切磋琢磨《せっさたくま》しています。励まし合える高い志を持つライバルがそばにいるからこそ、自らの闘争心もかき立てられ、成長することができるのです。

住まいと暮らし業界での企業間格差はいっそう大きく開きつつあります。伸びている企業は、他社にはまねできない特徴があるからこそ成長を続けているわけですが、それらに共通する経営改善手法を体系的に整理し、全国の成長意欲のある企業に向けて発信することを目的として本書をまとめました。

モデル事例となる企業に関しては、エッセンスを抽出し、各テーマに分解して、解説を加えています。

ぜひご一読いただき、自社が持続的に成長する一助としていただければ幸いです。

二〇一七年三月

タナベ経営　住まいと暮らしコンサルティングチームリーダー

山本　剛史

やっぱり気になる「住まいと暮らしビジネス」◎目次

第1章 独自の進化を遂げるビジネスモデル

第2章 ストックマーケットの取り込み

第3章
「暮らしの価値」を提案する

第4章　顧客に選ばれるコミュニケーション

第5章 住まいをつくる「現場力」

序章
住まいと暮らしマーケットの今

1 新たな層の出現

(1) 格差を表す「スマイルカーブ」

世帯の生活意識が年々、厳しさを増しています。厚生労働省が毎年発表している「国民生活基礎調査」によると、生活が「苦しい」(「大変苦しい」と「やや苦しい」)と回答した世帯は二〇一四年に六二・四%と過去最高となり、一五年も六〇・三%と依然、高止まりを続けています。バブル崩壊の影響が実体経済に及び始めた一九九五年に比べて、約一八ポイントも上昇しています(【図表1】)。

また、首都大学東京の子ども・若者貧困研究センター長である阿部彩氏は、ユニセフの報告書(日本語版)のなかで「日本の相対的所得ギャップは拡大している」と分析しています。同氏の試算によると、日本の所得ギャップは一九八五年に四九・〇八だったのが、二〇一二年には六〇・二一と着実に上昇しているといいます。

これらの結果から見えてくるのは、日本が高所得層(上流層)と低所得層(下流層)に二極化していく「格差社会」へ向かっているという現実です。

図表1　世帯の生活意識の年次推移

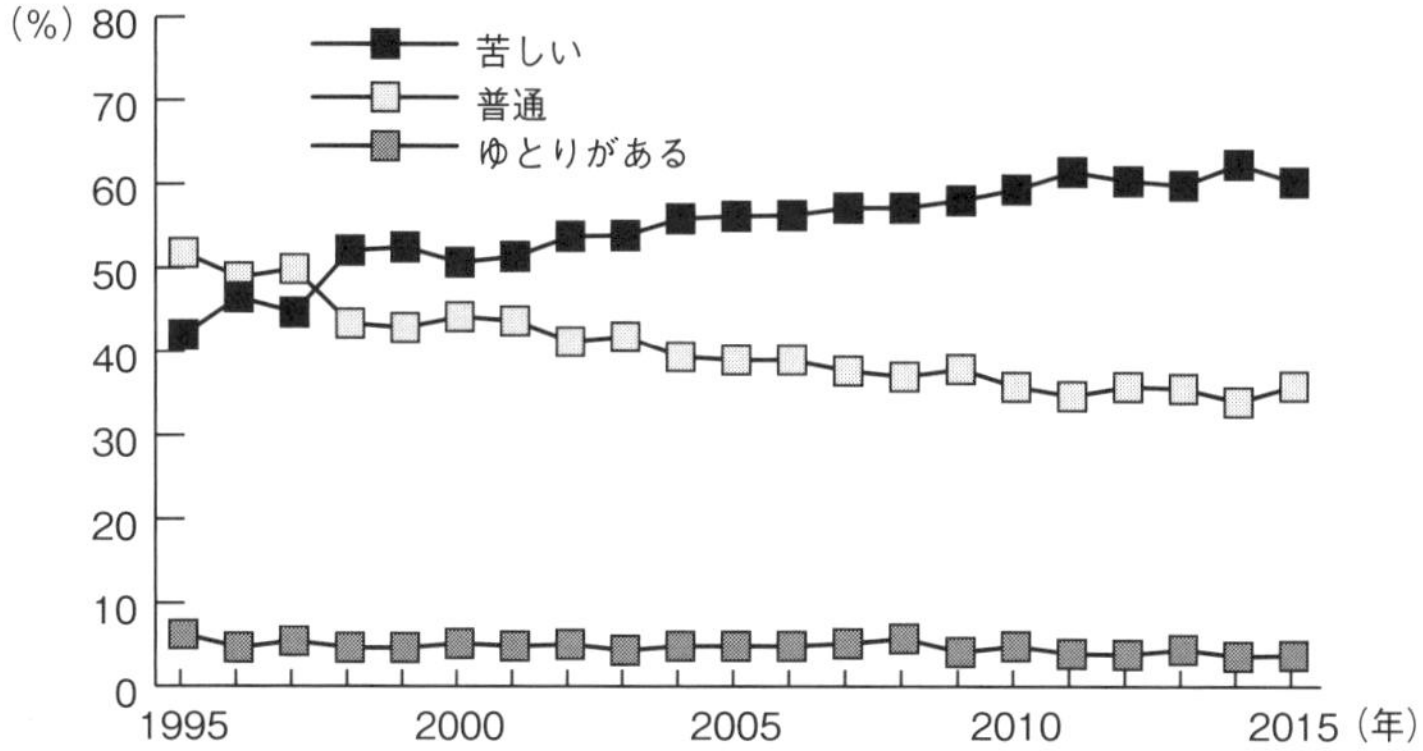

※苦しい:「大変苦しい」+「やや苦しい」、ゆとりがある:「大変ゆとりがある」+「ややゆとりがある」

注）2011年は岩手・福島・宮城県を除く。2012年は福島県を除く

出典：厚生労働省「国民生活基礎調査の概況」

図表2　二極化社会における市場構造のスマイルカーブ

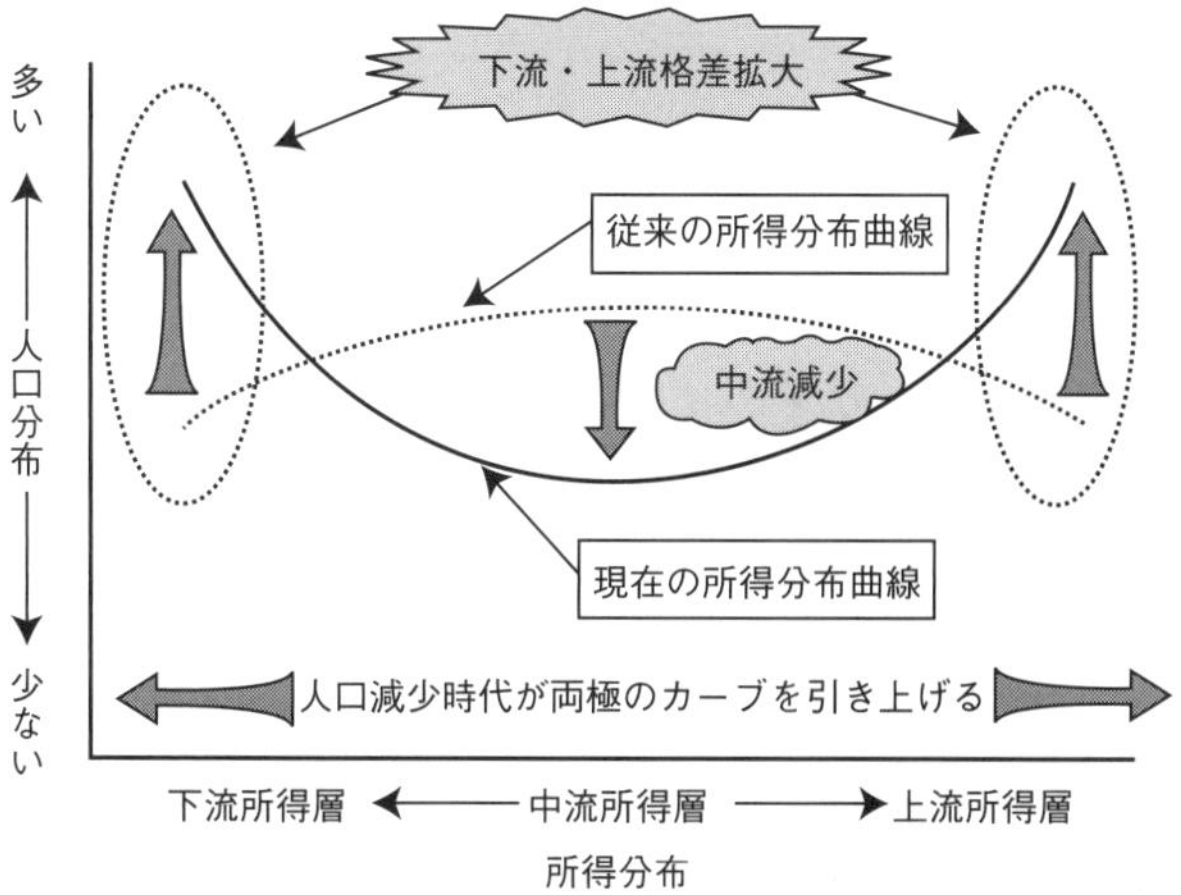

出所：タナベ経営

以前までの日本は、中流所得層が多く、上流・下流層が少ない、山なりのカーブを描く「一億総中流」状態でした（【図表2】）。しかしながら、現在は経済規模が伸び悩む一方で、所得格差だけは広がったために、中流層が減り、上流・下流層が増加したのです。この状態を示す線のカーブを、タナベ経営では「二極化社会における市場構造のスマイルカーブ」と二〇〇八年に提唱しました。そして二〇一七年現在、さらに〝ほほ笑み〟の勾配が急になっています。これに伴い、上か下かの単純な二極の層ではなく、どちらでもない、つかみどころのない〝新たな層〟が生まれています。

(2)マーケティングのやり直しを迫られる時代

この新たな層は、「こだわりの層」「エコ志向」「ミニマリスト」「ポスト団塊世代」など、さまざまな呼び方がされています。呼称が定まっていないところが、まだ化学反応の最中であることを示しているのではないでしょうか。

この〝新たな層〟とは、一言で言うと「賢い消費」をする層です。少ない可処分所得をやり繰りしながら、生活を大いに楽しもうとする層であったり、年収額は高いけれど消費をしない層、またベンツに乗って百円ショップに行ったり、ブランドバッグを提げて低価格のカジュアル衣料専門店で買い物をしたりなど、目的に合わせてお金を使い分ける消費者層のことを指します。

自動車も、高級車と軽自動車の売れ行きが良い半面、中型セダンは販売不振の状況です。もはや「安ければ買う、高いから買わない」ではないのです。「価値を認めたから買う」「共感したから買う」という意思決定のもとに消費を行う層が増えているといえます。すなわち、個々の消費者の〝暮らし〟を理解しない限り、良い提案も優れた商品開発も実現が難しい時代なのです。

しかし残念ながら、こうした層を満足させる商品やサービスは、まだまだ不十分と言わざるを得ません。一億総中流をターゲットにした、最大公約数のニーズに対応する商品・サービスが多いのが現状です。

ニーズが多様化する市場環境では、顧客の要求はより細分化されます。かつてのような大量生産ではなく、個別に対応するビジネスモデルが求められているのです。

2 統計数値に見るマーケットの変質

次に、前述したマーケット変化をもたらすに至った背景を、統計から確認してみましょう。

(1)人口減少時代のビジネスモデル

日本の総人口は、二〇一〇年の約一億二八〇六万人をピークに減少トレンドへ突入していま す。今後も人口減少は続き、『厚生労働白書』(二〇一四年版)によると、二〇五三年頃に一億人の大台を割り込み、二〇六五年には約八八〇〇万人まで減少すると見込まれています。

これは「労働力の不足」を意味します。採用戦略の見直しや、女性の登用をさらに推進していく必要があるでしょう。

こうした事態は頭で理解できても、どうも実感として湧きにくいものです。しかし、現在の多くのビジネスモデルは〝人口増加〟を前提に組み立てられています。今までのビジネスモデルではもう通用しないということだけは間違いないといえるでしょう。

(2)都市部でも進む高齢化

次に都道府県別の高齢化率を見ると、二〇一四年時点で最も高いのは秋田県の三二・六%、最も低いのは沖縄県(一九・〇%)です。内閣府『高齢社会白書』(二〇一六年版)によると、二〇四〇年には秋田県が四三・八%、沖縄県でも三〇・三%と三割のラインを超えることが見込まれています。最も上昇率が高いのは北海道(一二・六ポイント増)、次いで青森県(一二・五ポ

図表3　都道府県別高齢化率の推移

上昇率順位	都道府県	高齢化率		高齢化率の伸び（ポイント）
		2014 年	2040 年	
1	北海道	28.10%	40.70%	12.6
2	青森県	29.00%	41.50%	12.5
3	神奈川県	23.20%	35.00%	11.8
4	宮城県	24.60%	36.20%	11.6
5	福島県	27.80%	39.30%	11.5
6	山梨県	27.50%	38.80%	11.3
6	沖縄県	19.00%	30.30%	11.3
8	秋田県	32.60%	43.80%	11.2
8	栃木県	25.10%	36.30%	11.2
8	千葉県	25.30%	36.50%	11.2
11	東京都	22.50%	33.50%	11
12	埼玉県	24.00%	34.90%	10.9
13	茨城県	25.80%	36.40%	10.6
14	長崎県	28.90%	39.30%	10.4
15	大阪府	25.70%	36.00%	10.3
15	奈良県	27.80%	38.10%	10.3
17	福岡県	25.10%	35.30%	10.2
18	徳島県	30.10%	40.20%	10.1
18	兵庫県	26.30%	36.40%	10.1
18	静岡県	26.90%	37.00%	10.1
18	岩手県	29.60%	39.70%	10.1

出典：内閣府『平成28年版 高齢社会白書』

イント増）でした。

こう書くと高齢化は地方に限った問題のように思えますが、まったくそんなことはありません。地方だけでなく、都市でも高齢化は顕著に進むのです。【図表3】は、二〇一四年と二〇四〇年の高齢化率の上昇幅が高い順に都道府県を並べたものです。見ていただければ分かりますが、トップテン圏内の約半分を首都圏が占め、大都市が上位に名を連ねています。つまり、これからは高齢化の波が地方から都市へと移っていくということです。

このため都市においては、高齢者を受け入れる施設と介護の担い手の不足が深刻化する可能性があります。秋田や青森、徳島で四人に一人が高齢者であるとしても、高齢者人口の絶対数で見れば、東京や大阪の一〇分の一以下。高齢者の絶対数が二〇〇万、三〇〇万人規模の都市部と地方とでは、高齢化に対する施策が異なります。全国で高齢化が進むからといって、全国各地で画一的に介護施設や老人ホームを建て続けるだけでは、決して解決しません。エリア別のアプローチが待たれるところです。

（3）「標準世帯」は少数派

【図表4】は、総世帯数と家族類型別の世帯数の推移です。一九八〇年での総世帯数は三五八二万世帯でした。これが二〇三五年の推計では四九五六万世帯。人口減少が続くといいながら、

図表4　家族類型別一般世帯の割合

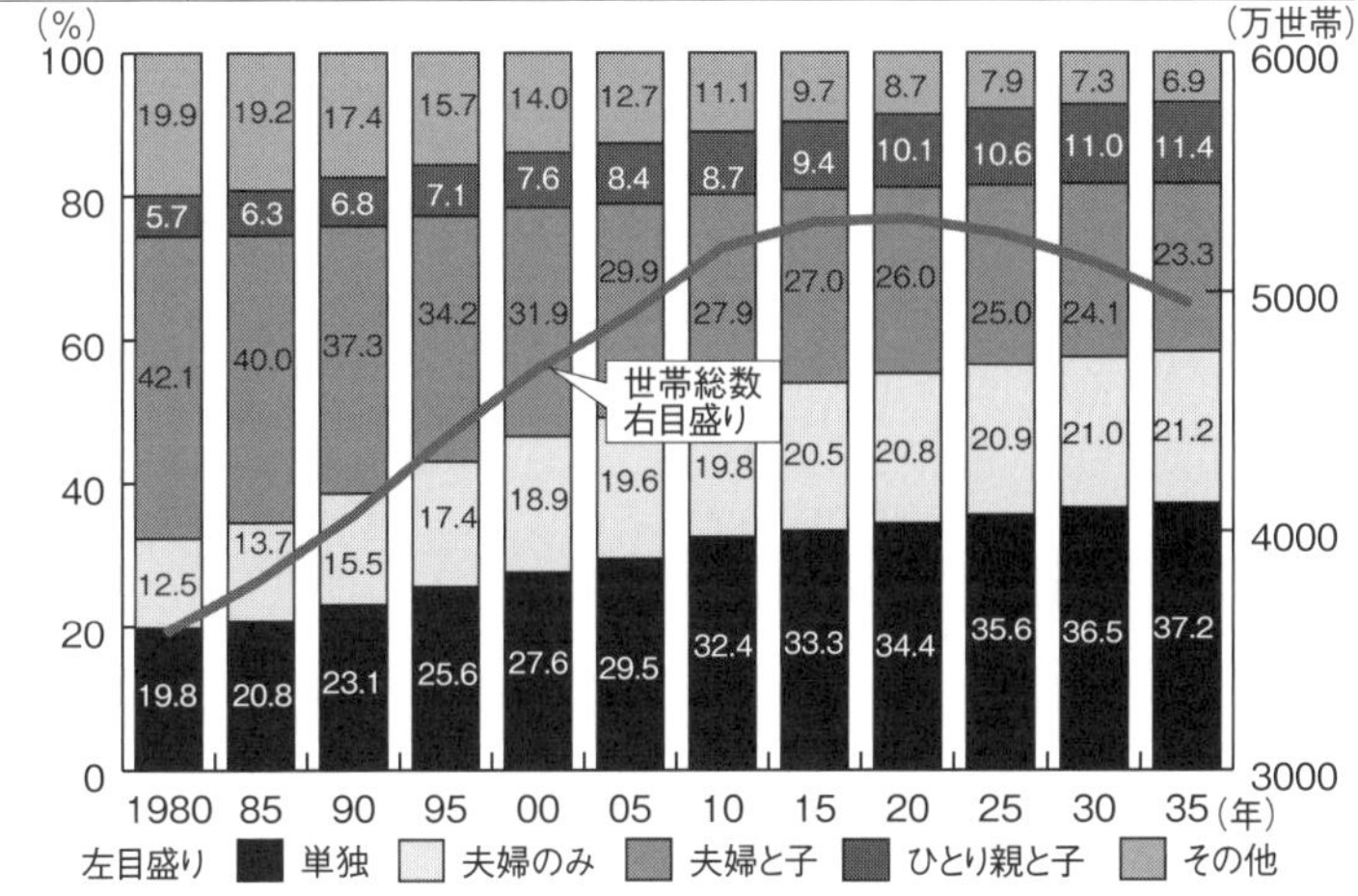

出典：国立社会保障・人口問題研究所「日本の世帯数の将来推計（全国推計）」（2013年1月推計）

世帯数は一三七四万世帯も増加するのです。これはどういうわけでしょうか。

その理由は、世帯数の内訳を見れば分かります。一九八〇年は単独世帯が七一〇万世帯、二人世帯（夫婦のみ）が四四六万世帯です。それに対し、二〇三五年では単独世帯が一八四六万世帯、二人世帯（夫婦のみ）が一〇五〇万世帯。つまり核家族化の進行で二人以下の世帯が大きく増えるためです。

ところで、日本政府が定義している標準世帯とは、「夫と妻、子ども二人からなる家族」です。では今、その標準といわれる世帯はどうなっているのでしょうか。

二〇一〇年において、「夫婦と子」の世帯数は一四四七万世帯と、全体に占める構成比は二七・九％。なんと全世帯数の三分の一にも満たない状況です。一九八〇年に四二・一％あった構成比が、二〇三五年の推計値では約半分の二三・三％まで落ち込みます。小さな子どものいる「標準世帯」がどんどんと減少し、共働きで意識的に子どもをつくらない世帯（ＤＩＮＫｓ：ディンクス）や、結婚しない子どもを老親が面倒を見る「高齢世帯」が増加していることも背景にあります。

家族類型だけを見ても、何をもって〝標準〟とするか分からない時代であるといえます。従来の〝標準〟とされてきた世帯向けとは異なる、多様化を前提にした商品・サービスが不可欠になっていくでしょう。

(4) 地域の見守り力の低下

消防庁によると、二〇一四年の救急出動件数が五九八万件余りとなり、過去最多を更新したそうです。一日当たりに換算すると平均一・六万件。救急車や消防防災ヘリが約五秒に一回出動している計算になります。

一〇年前（二〇〇四年）と比べると、出動件数は九五・七万回、搬送人員は六六・三万人も増えています。人口は二〇一一年から減り始めているはずですが、出動件数・搬送人員ともに六年連続で増え続けています。交通事故の発生件数が増加しているためでしょうか。いえ、交通事故はこの一〇年間、減り続けています。

実は、救急出動増加の大きな要因は「高齢化」だというのです。消防庁「平成二七年版 救急・救助の現況」によると、二〇一四年では高齢者が過半数（五五・五％）を占め、搬送された人のうち、約半数（四九・四％）が「軽症」の人でした。

この救急要請の増加は、身近に頼れる人がいない、いわゆる独居老人などの増加に伴い、少し具合が悪くなるととりあえず救急車を呼ぶケースが増えていることが背景にあるようです。「団塊の世代」（約八〇〇万人）が七五歳以上となる二〇二五年以降、医療や介護の需要がさらに増加することが見込まれています。医療・介護ニーズの拡大に対し、厚生労働省は社会保障費や医療・介護従事者の増大を抑制すべく、高齢者が長く病院に入院するのではなく、住み慣れた自宅などで療養してもらい、近所の診療所のかかりつけ医や介護スタッフ、地域住民などが支える姿を目指しています。

今後は地域コミュニティーによる高齢者の〝見守り〟が求められてくるということです。

(5)減り続ける大工の数

人口減少と高齢化――この二つの要因により、各産業界では「人手不足」の問題が持ち上がっています。特に、その影響が懸念されている業界の一つとして、建設業界が挙げられます。

なかでも、木造住宅のつくり手の中心を担う「大工」の就業者数が急激に減少しています

図表5　大工就業者数の推移

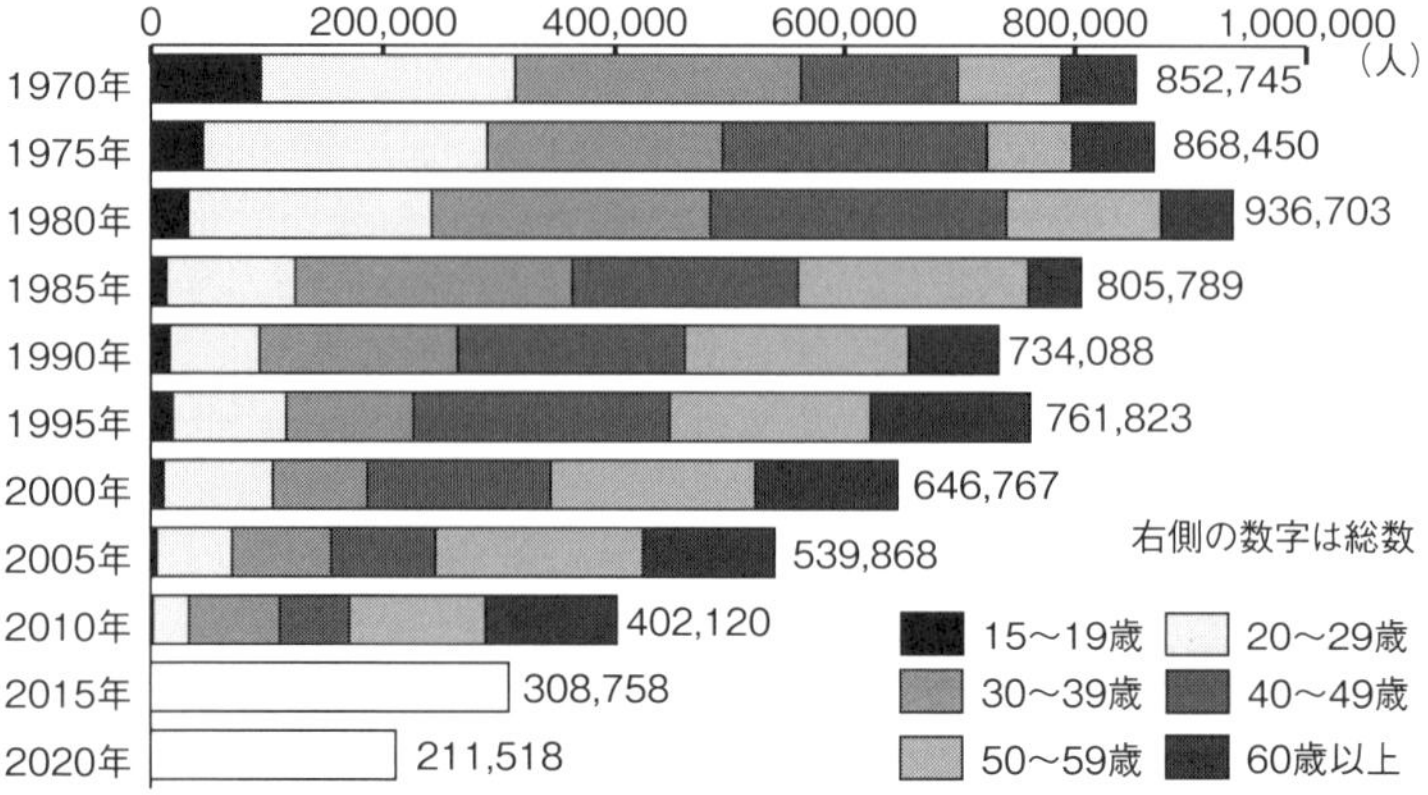

出典：1970～2005年は国土交通省「中古住宅・リフォームトータルプラン参考データ集（平成24年2月）」、2010年は総務省統計局「平成22年国勢調査」（速報値）、2015年及び2020年は住環境価値向上事業協同組合「工務店経営者のための大工の育成と雇用形態」（平成25年度 国土交通省補助事業「住宅市場整備推進事業」）の予測値

（【図表5】）。総務省の「国勢調査」によると、大工の就業者数は一九八〇年に九三万六七〇三人だったのが、二〇一〇年には四〇万二一二〇人（確報値）となり、この三〇年間で約六割も減っています。

これまで大工人口の減少は、プレカットの普及や住宅市場の縮小などによって、あまり問題視されてこなかったのですが、二〇一一年の東日本大震災の復旧・復興に向けた動きのなかで、大工不足が顕在化してきました。

大工の減少は入職者の少なさが物語っています。一五～一九歳の若年労働者数は一九九五年に一万九四四四人だったのが、二〇一〇年には二一五〇人と一五年で約九分の一まで減少しました。

所得や社会保障などの面で、大工が若者に

とって魅力のない仕事になっていることが大きいと思われます。多くの大工は常用雇用であっても、社会保険料やガソリン代、工具は自分持ちといわれるように、日当に経費が含まれていることが多く、手取りは決して多くありません。社会保険料のほとんどが国民年金と見られ、六五歳を過ぎても年金が六万〜七万円しかもらえないため、現場で働き続けるしかありません。

大工の育成については多くの業界関係者が取り組んできましたが、「お金と時間をかけて教育しても大工は定着しない」という声も少なくありません。では、大工を社員化するのはどうでしょうか。有給休暇、残業代などの支払いが経営を圧迫するという理由で、これまたなかなか踏み切れないのが実情です。

とはいえ、課題を挙げてばかりいても仕方がありません。たとえば、二〇一〇年の大工人口を年齢層別に見ると、一五〜一九歳は二一五〇人ですが、二〇〜二九歳では三万一七四〇人と一五倍も増えています。これは大工への入職時期が中卒・高卒だけでなく、大卒や転職など、二〇歳以降にも入職者がいるということを示しています。大卒者や他職種からの転職者を採用し、自社で独自の職人育成システムを確立する企業もあります。

従来、大工の入職者といえば中学・高校の新卒者が中心でしたが、今後は大工育成を検討するうえで、大卒者や転職者も考慮に入れる必要があるでしょう。

3　業界のマーケット動向

(1)半世紀続く供給過剰

まず新築着工戸数は、二〇〇八年のリーマン・ショック以来、一〇〇万戸を下回る戸数で推移していましたが、二〇一〇年以降は回復基調に入りました。

そして近年、住宅業界で注目を集めているのが「ストックマーケット」の取り込みです。住宅産業で重要視されている総務省の「住宅・土地統計調査」（五年に一度実施）によると、住宅ストック（国内に建築されている既存住宅）の総数は六〇六三万戸（【図表6】）。終戦直後（一九五八年）の一七九三万戸から、半世紀余りを経て三倍強の水準にまで増えています。一方、二〇一三年の総世帯数は五二四五万世帯でした。一世帯当たり住宅戸数は一・一五戸で、供給過剰となっています。一九六三年までは「住宅ストック総数＜世帯数」と供給不足の状態でしたが、一九六八年に「住宅ストック総数＞世帯数」へ反転して以降、数字のうえでは五〇年近くも供給過剰が続いていることになります。

その結果、独居老人の〝孤独死〟の増加もあいまって、住宅の空き家が増加しています。空

図表6 住宅ストック総数と１世帯当たり戸数の推移

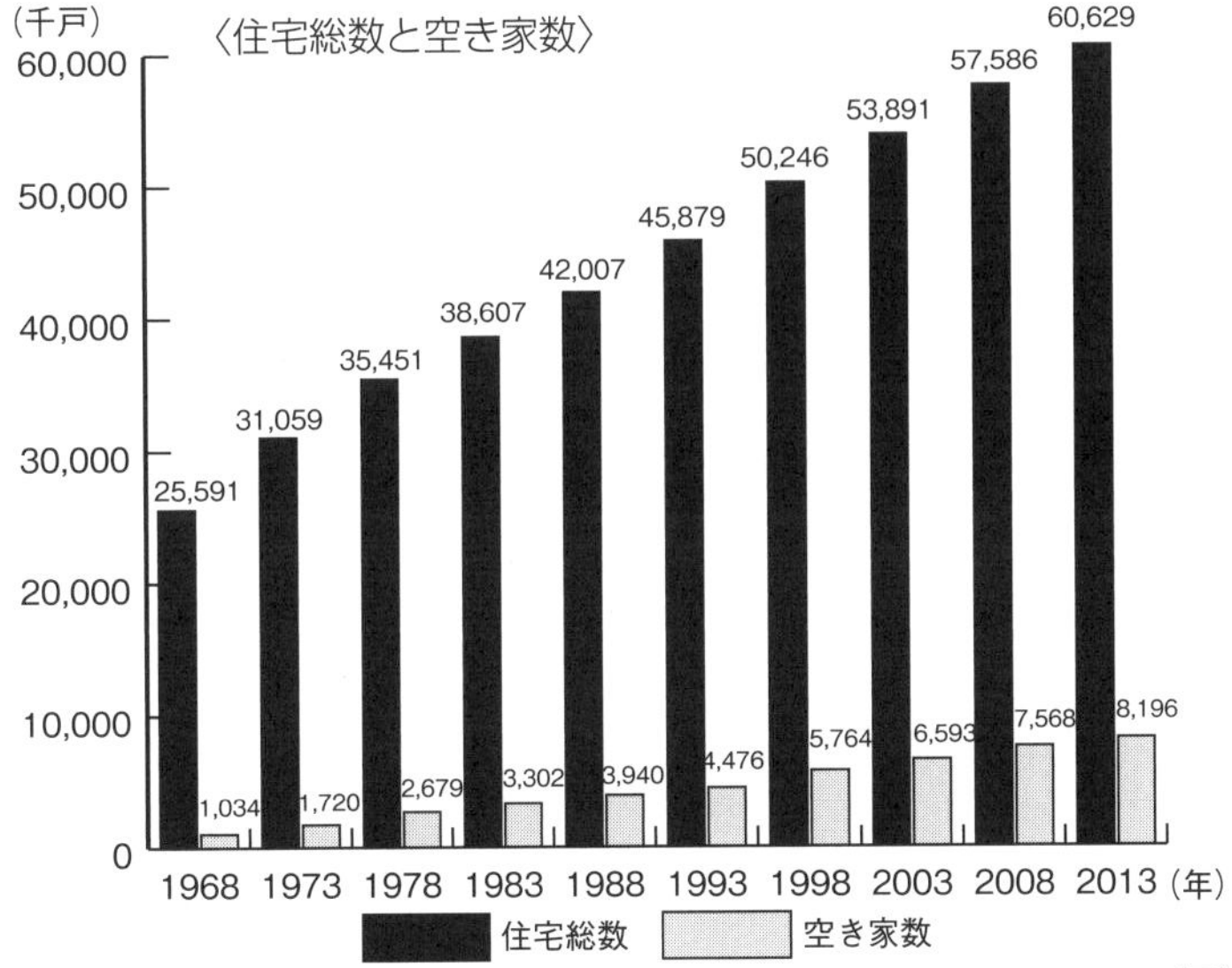

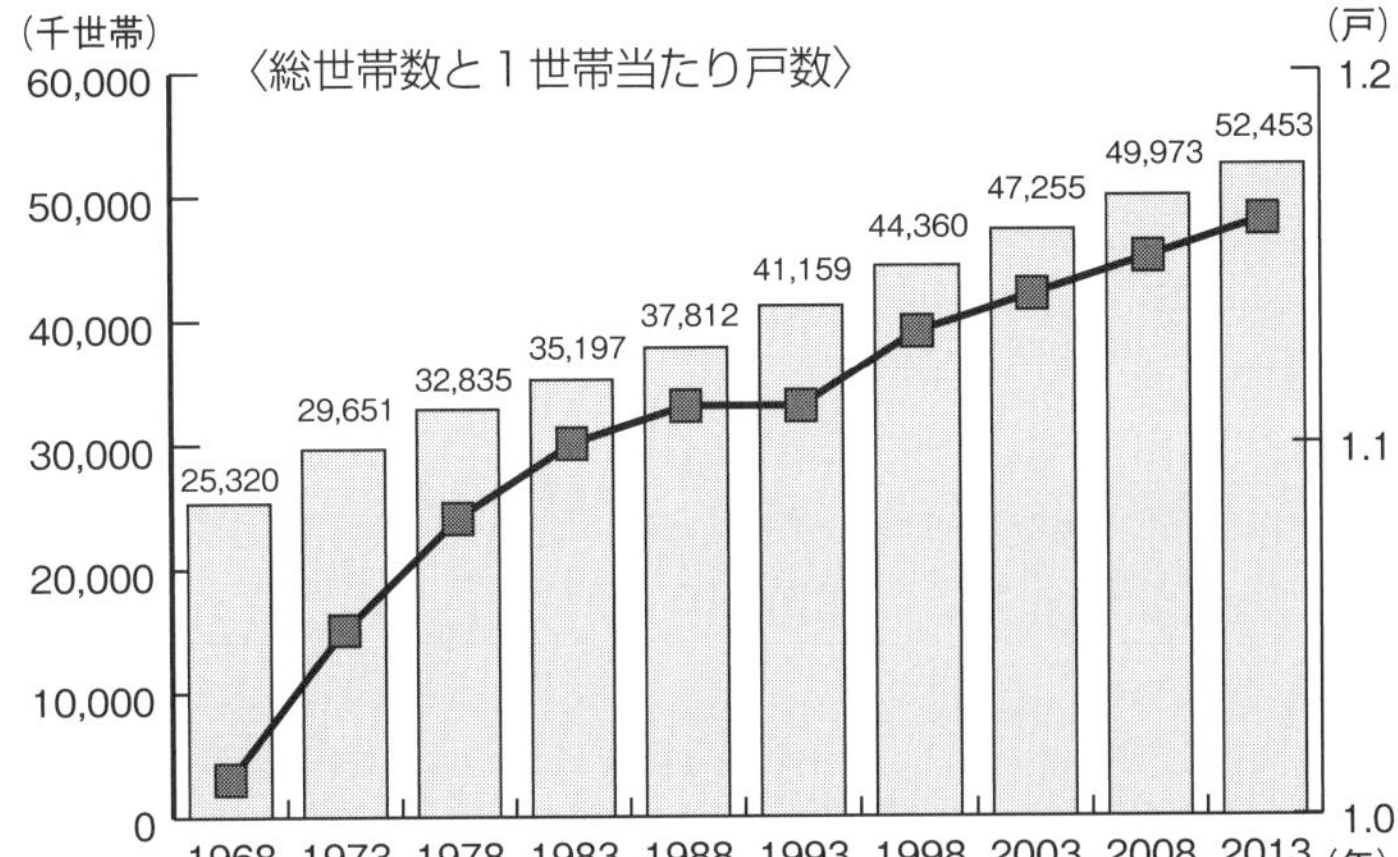

出典：国土交通省HP「平成27年度 住宅経済関連データ」

き家数は二〇一三年で八二〇万戸となり、一九九三年（四四八万戸）からの二〇年間で一・八倍になっています。またストック総数に占める空き家比率は一三・五％。空き家数、空き家率ともに過去最高となっています。

つまり、六〇六三万戸の住宅ストックがすでにあり、空き家も八二〇万戸あるにもかかわらず、新築住宅着工数は減ったといえども九九万戸（二〇一三年度）を建設しているというのが現状です。そのため、これらの住宅ストックの有効活用が急務となっています。

(2) 伸びないリフォーム市場

共同住宅は大きく「共用部」と「専有部」に分かれますが、最近は入居者が工事発注の意思決定を下せる専有部にリフォームやリノベーションなどを施し、販売する動きが活発になっています。

そこで、空き家問題を解決する産業として、「リフォーム」市場の動向が注目されています。矢野経済研究所の調べ（「住宅リフォーム市場に関する調査」二〇一六）によると、市場規模は、二〇〇〇年の七・四兆円から下降トレンドに入り、二〇〇九年から反転して拡大傾向となったものの、二〇二〇年（予測値）は七・三兆円。たとえ予測通りに推移したとしても、この二〇年間を見る限りでは、二〇〇〇年時点の市場規模まで回復したにすぎません。決して世間でいわれるような「右肩上がりの成長市場」ではないことが読みとれます。

しかし、リフォーム工事の施主の多くは高年齢層が中心といわれています。国土交通省が二〇一六年三月にまとめた「平成二七年度住宅市場動向調査報告書」によると、リフォーム住宅の世帯主の半数以上（五二・五％）は六〇歳以上の高齢者で、平均年齢は五八・八歳と全住宅世帯主のなかで最高齢でした。

一方、同報告書からリフォーム工事の動機を見ると、「住宅がいたんだり汚れたりしていた」（四八・四％）が最も多く、次いで「台所・浴室・給湯器などの設備が不十分だった」（三一・四％）が続き、傷んだからという理由が主な動機となっています。つまり〝高齢者による修繕〟が中心であり、マーケット規模は大きいものの意外に伸びていない〝モノ余りでコト不足〟の市場であるといえます。

いずれにせよ、豊富な住宅ストックの積み上げが、リフォーム市場のマーケット規模の分母になっていることは間違いありません。今後は二〇～四〇代に向け、暮らし価値を提案する商品・サービスの開発がカギとなるでしょう。

4　持続的に成長するポイント

(1)Webは戦力

最近よく耳にする「人工知能」(AI = Artificial Intelligence)。コンピューターに人間と同様の〝知能〟を持たせる技術をいいます。言い換えれば、車の自動運転や会話をはじめ、私たちが行っている知的な活動を、機械でもできるようにしようというものです。この人工知能を使ったさまざまな研究が進んでおり、今や高度な知性を要求されるプロ棋士やチェス・囲碁の世界王者を負かすまでになりました。

こうした技術のイノベーションによって、人間にしかできないと思われていた仕事が、これからますます機械に取って代わられていくでしょう。たとえば、Ｗｅｂ上で売れる商材を扱う企業では、営業担当者が必要なくなります。住宅のような高額商品の売買をＷｅｂ上だけで完結させるのはまだまだ難しいと思いますが、営業工程の一部——特に集客や商品説明、見積もりなど——は、今後もＩＴ化が進むと思われます。

企業の例では、京町屋の再販を手がける八清《はちせ》(後述)は、営業スタッフによる販売活動からホームページ上で引き合いをもらう形へと完全シフトしました。社員のうち約二〇%がホームページの制作に従事しています。年間二〇〇〇万円に上っていた販促費も、今では一〇〇万円程度にまで圧縮できているとのことです。またWeb上での集客が九〇%以上であるリノベる(後述)も、一二四人(二〇一六年四月現在)の社員のうち三分の一がIT技術者であり、Webマーケティング、特に集客の部分を担当しています。両社には、靴の底をすり減らして顧客を開拓する営業スタッフは存在しないのです。

既存市場、既存顧客の価値観に染まることなく、新たな技術やスキルを身につけ、まだ規模が小さいマーケットへ打って出る――そんなチャレンジ精神が求められているのです。

(2)ブランド力、ありますか?

日本企業はよく、「モノづくりこそ一流だが、マーケティングが二流、ブランディングは三流だ」などと揶揄《やゆ》されます。せっかく品質の高いモノをつくっても、それを世に知らしめる技術に劣るというわけです。

いくら品質が優れていても、それを顧客が知らなければ意味がありません。皆さんも、たとえばビールを飲むなら『アサヒビール』、カジュアルな服を買うなら『ユニクロ』などといったように、何かをしたいときに真っ先に頭に浮かぶブランドがあるはずです。企業の提供する価値が顧客の期待を超えたとき、その企業、その商品は顧客の心に残り、継続的に選ばれる。つまり、ナンバーワンブランドとなることができるのです。

住まいと暮らし分野における大きなポイントは、次の三つです。

①時間軸と事業領域を広げながらブランドを維持する

住宅のブランドは、「期間限定のモノである」ということをまず理解しなければなりません。つまり、「今、家を探している」という人にだけ、ブランドが響くわけです。住まい探しが終了した後には、ブランドが想起される機会がほとんどなくなってしまいます。

とはいえ、「探そうと思い立ったときに買ってもらえればいい」という考え方だと、マーケット全体が縮小している現在は生き残れません。

『SUUMO（スーモ）』という名前を、テレビやWebで一度は見聞きしたことがあると思います。SUUMOは、リクルート住まいカンパニーが運営する、住宅・不動産の賃貸や売買をサポートする情報サイトです。同社の調べによると、SUUMOブランドは住宅購入検討者の八六％が認知しており、キャラクターの認知率は実に九七・四％に上るそうです。その認知率は驚異的です。

このように、「住まいを探したい」と思っている人に対しては最強のブランド力を誇る同社ですが、それ以外の層は前述の理由でなかなか興味を示さないといいます。

それを打開するため、同社では住まい探しを終えた後の〝暮らしの領域〟へ乗り出していきます。ハウスサービス（引っ越し、家事代行）など新分野の商品開発を通して、「SUUMOで気に入ったマンションに移った。今度は家事代行をやってもらおう」といった具合に、継続してサービスを使ってもらおうというのです。従来の事業の先にある「住み替え後の〝暮らし〟そのもの」へ事業ドメインを広げながら、ナンバーワンブランドを維持しています。

会社のブランド価値を、「時間軸」という視点で見直すと、新たな発見があるはずです。

②サービスブランドの開発

サービスブランドを世に知らしめた例では、日本航空のパッケージ商品である『JALパック』があります。海外旅行がまだ一般的ではなかった一九六四年、日本初の海外パッケージツアーとして発表したもので、目に見えない旅行というサービスを目に見える〝商品〟にした好例です。また早期の申し込みで料金がディスカウントされる、いわゆる〝早割〟制度も立派なサービスブランドだといえます。

人間は、形のないものに選択基準を見出しにくく、また選びにくいという傾向を持ちます。さらに無形のままでは、顧客は頭のなかにブランドのイメージを築けません。サービスを、ネーミングも含めて顧客に訴求できる商品として確立する必要があります。サービスをブランド化するのは容易ではありません。しかし逆に言うと、これができればライバルに圧倒的な差をつけることも可能なのです。

③社員をブランド化する

経営資源を「ヒト（人）」「モノ（物）」「カネ（金）」に分けた場合、モノとカネにおいては年々、差別化が難しくなっているといえます。そのような背景もあり、高収益・高付加価値を実現する企業は、ヒトこそが差別化の原点であることに気づいています。どうやって社員の人材成長を成し遂げ、人材をブランド化させていくかに日々、取り組んでいるのです。

たとえば、福岡県北九州市にあるゼムケンサービスは、建築の空間デザインを女性視点で提案している建築デザイン会社です。建設業界における女性の少なさを逆手にとり、〝女性力〟を会社の強みにしたブランディングに成功しています。「担当チーム名に〝女性〟と入れただけで、問い合わせが殺到した」といいます。

また、静岡県沼津市の平成建設（後述）では、自社の大工を「エリート大工」と呼び、育成に力を入れています。全国からエリート大工を目指して高学歴の学生が殺到しているといいます。

いずれの会社にも共通していることは、人材のブランドに引かれ、全国から「働きたい」と人材が集まっていること。また、そのような人材が提供するモノやサービスに共感した消費者が購入・利用するといった、正の循環が生み出されているということです。

(3) 大と小の融合

住宅・建設・不動産は、一般的には「地場産業」です。地域に根を張り、地域への心配りを欠かさず、信頼を積み重ねていく必要があります。たとえば、住宅を引き渡した後のアフターサービスの構築は必須でしょう。OB顧客に支持されない会社は、存在意義を失っていきます。OB顧客は、新築やリフォーム工事の単なるリピート客という存在にとどまらず、強力な紹介者となって経営をバックアップする存在になるからです。

これに関連して、修繕や補修工事などの小工事に取り組む際には専門部署が必要ですが、その際に担当部門へのケアを忘れてはなりません。

小工事やきめ細かいサービスへの対応は、直接、大きな売上げにつながらない場合が少なくありません。したがって担当する社員は、「今月は○棟販売した」「何千万円の契約をまとめた」と大きな成果を上げた営業部門が拍手を浴びる姿を見るにつけ、「これでいいのだろうか?」と不安になるときがあります。これは、小工事を担当する専門部署を収益部門ではなく、間接部門と位置づけている企業であっても同じです。

やっていることが間違っていないことを諭す意味でも、小工事やアフターサービス部門の社員へのケアや、評価のあり方をきちんと定めることはとても大事です。そして、全員が高いレベルでサービスを提供できて初めて、固有のサービスになるのです。一人でも不親切な対応をすると、その時点で会社の評価が下されてしまうからです。

(4)オープンイノベーション

新たな市場ができるとき、成長スピードの速い市場では、必ずヒト・モノ・カネが不足します。技術・サービスの革新、それにターゲット顧客もめまぐるしく変わるため、投入した経営資源が役に立たなくなる可能性もあります。このような市場の成長段階においては、協業体制を敷くことが大変効果的です。

「協業体制による価値の連鎖」とは、アライアンス戦略、ネットワーク戦略、プラットフォーム戦略と呼称や形態はさまざまですが、一社だけでできることは限界があるので、各社の強みを持ち寄り、一社だけでは発揮できない付加価値を提供しようという試みです。

たとえば、ユニクロ（ファーストリテイリング）が東レに多くの社員を出向させ、『ヒートテック』という発熱・保温機能素材を共同開発し、ロングヒットとなりました。この共同開発を通して、東レは小売りの現場や消費者の実態を知ることができ、またユニクロは素材ブランドで他社製品と差別化する方法を学びました。互いに学習し、高め合う関係を構築できたといえます。

建設会社に多く見られるのは、「技術提携はするが、受注においてはライバル」という関係です。一方では手を組んで、一方では競争しながら、互いの競争ポジションを強化していくものです。その際のポイントは、「自社が取り組むところと、他社と取り組むところをきっちり〝使い分ける〟こと」です。つまり、自社の強みが何かを明確に定義する必要があるのです。

私が訪問企業でこのような話をすると、「中小企業ですから、（わが社には）特筆すべき強みはありません」と言われることが多いのですが、そのときは「強みは〝探す〟ものではなく〝決める〟ものです」とアドバイスしています。そして一度決めたら、そこへ経営資源を連続投資すること。そうすることで、自社のコア技術・サービスへと昇華させるのです。

そして、ここからが大事なのですが、さらにそのコア技術を複数企業で「共有＝シェア」します。コア技術（サービス）を共有することで、一社では提供できなかった新たな価値を創造できます。

コアとなる技術を、一社で囲い込むのではなくオープンにすることで、協業体制をとり、一社だけでは到底できないような商品・サービスを生み出す。これは、欧米で一般的な「オープンイノベーション」という考え方です。ライバルをライバル視せず、コア技術をともに展開することで、新たな価値をつくることができるのです。

(5)技術を「良い」と思わせる力

ところで、なぜ商品が売れるのでしょうか。良い商品だからでしょうか。残念ながら、少し違います。「顧客が良いと思う」から、売れるのです。

近頃の業界を見ていますと、営業のうまい会社に顧客が集まる傾向があります。誤解のないように断っておきますが、誇大広告と営業トークで、粗悪品でも顧客に良いと思わせて売れ、と言いたいのではありません。確かな技術力を蓄積していくことが大前提です。しかし、技術が良いだけでは売れません。自社の技術や商品が良いと思えるような対外的演出や、会社のイメージづくりの経営努力なくしては、顧客には〝伝わらない〟ということです。

たとえば、大阪・守口市の敷島住宅（後述）は、他社に先駆けてＣＩ（コーポレート・アイデンティティー）戦略を一九八七（昭和六二）年に導入し、三〇年以上かけて、ようやく顧客に認められた感触を得たといいます。同社はこれにより、「グッドデザイン賞」（公益財団法人日本デザイン振興会主催）や「ハウス・オブ・ザ・イヤー・イン・エナジー」（一般財団法人日本地域開発センター主催）優秀賞の二年連続受賞をはじめ受賞歴も多数あり、技術に対する信用も常に高めています。

社外よりもまずは社内から

では、自社の技術や商品を顧客に良いと思ってもらうためには、まず何をすべきなのでしょうか。それは社外ではなく、〝社内〟に対して自社の技術・商品の良さを伝えることです。

住宅を建築・販売している会社であれば、従業員からの友人・知人の紹介数を見れば、一目瞭然です。自分の家族や友人に、本気で自社の家（商品）を勧められないようでは、自社の顧客に自信を持って提案することなどできるはずもありません。まず、自社の技術・商品・サービスを正しく理解してもらうことから始めるべきでしょう。

「自社の技術・商品・サービスが一番だ」と従業員が心から思っていない企業は、案外多くあるものです。これは裏を返せば、従業員がそう思えるように「企業努力をしていない」と言ったほうがよいかもしれません。

対策としては、自社の技術について、新入社員でも理解できるようにまとめておくことが有効です。たとえば、自社の周辺エリアでは誰もが知るシンボル的な施設を建築した歴史を有していても、どういう工法で、どのような苦労をして、顧客から何を評価されたのかを自社の従業員が知らない場合は、ぜひ、そのストーリーをまとめてみてください。自社の固有技術や、顧客から評価されてきた理由を次代へ引き継ぐために、目に見える形にすることが重要なのです。

また、社内や現場を顧客に直接見てもらうことも有効でしょう。製造業で行われている「工場見学」などがそれに当たります。モデルハウスの公開や完成見学会など、一般消費者に対して完成した〝作品〟を見せるという類いのものではなく、企業視察を受け入れることも一案です。社内を一体化し、ロイヤルティーを高めることが目的です。こうした手法は「インナーブランディング」といわれ、きわめて重要です。

(6)「カテゴリートップ × 全国」へ横串展開

「カテゴリーキラー」とは、ある特定の商品分野（家電、スポーツ用品、住居用品など）において、圧倒的な品ぞろえと安さを武器に展開する大型専門店のことを指します。カテゴリーキラーが出店すると、商圏内の競合店の当該カテゴリーの売上高が極端に低下して取り扱いをやめざるを得なくなったり、部門の廃止や縮小に追い込まれたりすることから、こう呼ばれるようになりました。代表例としては、玩具・子ども用品のトイザらスなどがあります。同一商品分野（カテゴリー）での豊富な品ぞろえを重視しており、徹底的なコスト削減で低価格を売りにする点に特徴があります。

住まいと暮らし分野でも、カテゴリーキラーとまではいきませんが、特定のカテゴリーでナンバーワンになり、そこで築いた評判をもとに別のカテゴリーでも展開し、シェアを確保しながら最後にこれらを一本の横串で通すという企業が出てきています。

たとえば、『ナジック』ブランドで学生マンションを全国展開する学生情報センター（後述）は、一人暮らしの学生をワンストップでサポートするビジネスモデルを構築し、ナンバーワンになっています。また、東京都港区にあるワンオンワン（後述）という会社は、「犬を飼う人」というカテゴリーに注目し、その視点で住まいづくりを支援して全国展開しています。

福岡県で老朽化したビルを〝ビンテージビル〟として再生することに成功したスペースRデザイン（後述）は、全国展開こそしていませんが、全国の老朽化したビルを保有するオーナーからの相談が絶えないといいます。自ら全国に進出しなくとも、全国からコンサルティングの引き合いが来るというのは、全国展開の新たな形といえるでしょう。

いずれにしても、勝てるところで確実に勝つ戦略であり、この戦略をシステム化して（会社によってはフランチャイズ化して）、成功しているところが多くあります。

(7)若い人が活躍できる組織をつくる

タナベ経営が主宰する「住まいと暮らし研究会」では、成長企業の視察を行っています。その際、視察先の社内を見学する機会も設けています。これは、勢いのある企業の社内の雰囲気を感じてもらうためです。

伸びている企業に共通しているのは、若い人が実に生き生きと活躍しているということです。自社のホームページや経営者が発するメッセージや哲学からも、「楽しもう」「自分らしく」「面白く」というキーワードが目立ちます。〝面白く〟といっても、もちろん腹を抱えて笑いながら仕事をするという意味ではありません。その会社で働くことで、自分を生かせるような会社、働きがいがあって熱中できる会社という意味です。企業規模の大小は、まったく関係ありません。現に、楽しくやりがいのある仕事ができる組織づくりによって、大手に負けない採用実績を残している中小企業もあるのです。

仕事を任せてみる

若い人が活躍する組織にするためには、どうすればよいのでしょうか。一つは、「任せる」ことです。とはいえ、「若い人に仕事を任せたいが、任せる人材がいないから任せたくても任せられない」という事情もよく分かります。任せないから育たないのか、育っていないから任せられないのか。いずれにしても、任せることをまず始めなければ、組織の成長は望めません。

失敗する自由を与えてこそ、チャレンジする自由を持つ。任せるといっても、支柱が折れるような（致命傷となる）失敗と、軒先が欠ける程度の（取り返しのつく）失敗をあらかじめ分別し、ダメージコントロールを行えば問題ありません。

「最近の若い奴はチャレンジ精神がなくて……」とぼやく前に、こうした経営における配慮をお願いしたいと思います。

（8）徹底することの迫力

持続的に成長するための最後の要素は、「一つのことを徹底すること」です。

ある会社は、業務を効率化するために会議時間の短縮にこだわっており、資料はすべてA3用紙一枚にまとめるルールがあります。ページをめくる時間がもったいないから、というのが理由です。

地域密着を社是としているA社は、住宅を建てるとき、同社の社員や協力会社の職人が現場周辺の住宅にあいさつへ出向きます。その数、なんと五回。地鎮祭、着工時、骨組みをつくったとき、そして工事期間中と完成時。それ以外にも毎日、周辺住民の誰かとすれ違えば、必ずあいさつをします。協力会社にも、工事規程に盛り込んでまで徹底しているといいます。

営業担当者のみならず、設計担当者や現場監督など、技術色の強い社員にまでマナーが行き届いている企業は珍しいといえます。特に礼儀・礼節は、中途半端だと大した強みになりませんが、徹底すれば必ず差別化につながります。

では、徹底する項目が決まっていない企業では、何を徹底すればよいでしょうか。私は、すでにコモディティー化してしまっている言葉にも、その余地がまだあると思っています。

たとえば、「高品質」「地域密着」「顧客満足」「人材育成」「業務の効率化」「５Ｓ」……などです。こうして並べてみると、どの企業でも一通りやっていることばかりだと思いますが、「そこまでやりますか⁉」とライバルが驚くほど徹底して初めて、差別化と呼べるのです。

そして何を徹底するにも、その覚悟の証しとして、経営理念にまで昇華させることが大事です。「やるべきことはすべて理念のなかにある」――と言える状態が理想ではないでしょうか。

ここまで、住まいと暮らしビジネスを取り巻く環境や課題、持続的に成長していくためのポイントについて解説しました。次章より、いよいよ社会課題を解決に導く五つの戦略アプローチについて、提言していきます。

第1章

独自の進化を遂げるビジネスモデル

1　社会課題解決時代の到来

(1)経営者感覚が大事

「はじめに」で述べたように、今、人口減少や空き家増加、六五歳以上の高齢者のいる世帯が四割を超える「社会課題解決時代」が到来していると私は考えています。

変化の代表格企業として、大和ハウス工業を挙げたいと思います。同社は、常に新たな事業の方向性を打ち出し、各年代ごとに戦略的なコンセプトを提案し続けています。現在では、住宅・建設分野はもとより、福祉、環境、健康、通信、農業分野へと事業を広げています。一九五九年にプレハブ住宅の原点である『ミゼットハウス』から始まった住宅事業は、全売上高に対する構成比が二〇％以下だといいます。これだけ巨大なコングロマリット化した企業でありながら、今なお新たな事業にチャレンジする企業風土はどこから生まれるのでしょうか。

一つ目は、大企業病に陥るまいとする企業風土です。「われわれは中小企業である」――年頭のあいさつで現会長（CEO）の樋口武男氏は必ずこう切り出すそうです。

二つ目は、「挑戦することを喜びとする」。ベンチャースピリットを今でも大切にしていることとです。同社の長期目標は、「二〇五五年に売上高一〇兆円」。一〇兆円といえば、発展途上国一カ国分のGDPにも匹敵する大きさです。この成長への貪欲な姿勢は、あらゆる企業が見習うべきでしょう。

三つ目は、「経営とは意志である」ともいうべき、創業者・石橋信夫氏の思いです。石橋信夫記念館に展示してある手帳には、「一〇〇〇億円やるぞ！」という意志と、そのすぐ横には、「一人当たり工事高〇万円」という生産性指標が書き記されています。まさに、望遠鏡で遠くを見て顕微鏡で近くを見る。この経営者感覚が大事です。

(2)顧客の変化は、企業に変化を迫る

繰り返し述べてきたように、消費者の暮らしに対する価値観が変化・細分化し、現在のビジネスモデルでは顧客の満足を満たせなくなっています。それゆえ、ビジネスモデルの変革が求められているのです。

「ビジネスモデルの変革」というと難しく感じるかもしれませんが、実際にはその多くが、「合わせる」「つなげる」といった既存事業の組み合わせや、技術のサービス化、顧客の不便・不満に応えた逆張り発想のモデルで成り立っているといえます。ビジネスモデル自体をあまり難しく捉えず、積極的にチャレンジしていただきたいと思います。

図表7　3つのビジネスモデル

No	ビジネスモデル	内　容	
1	ワンストップサービス	(1)	特定エリア × ワンストップサービス
		(2)	特定顧客 × ワンストップサービス
		(3)	特定市場 × ワンストップサービス
2	技術のサービス化	(1)	小口工事の事業化
		(2)	小口工事の収益化
		(3)	「建てる」から「管理・運営する」へ
3	逆張り戦略	(1)	先行企業の“不”から学ぶ
		(2)	業界の慣習を打ち破る

出所：タナベ経営

本章では、【図表7】に挙げた三つのビジネスモデルに従い、事例企業を紹介しながら解説していきます。

〝変化と成長〟を念頭に置きながら、本章を読み進めていただきたいと思います。

2　ワンストップサービス

(1)「ワンストップ」ってなんだ？

最近は、「ワンストップ」という言葉がやや乱発されているような印象を受けます。住まいと暮らしに関わる総合サービスから、ふるさと納税もワンストップです。もともとは、顧客の囲い込みを図るためのマーケティングメッセージとして利用されていたようです。

ではなぜワンストップなのか？　便利だからでしょうか。品ぞろえを充実するだけの便利さだけでは、いずれ顧客に振り向いてもらえなくなると断言します。

ワンストップサービスとは、一度の手続きで、必要とする関連作業をすべて完了させられるように設計されたサービスをいいます。さまざまな行政手続きをいっぺんに行える「ワンストップ行政サービス」、民間の場合は一カ所で必要な物がすべて買える「ワンストップショップ」や、複数の支払い請求を一括して処理する「ワンストップビリング」などのように、総合性・包括性が強調されます。

ニーズが多様化する市場環境では、顧客の要求はより細分化されます。住宅も同様に大量生産の時代ではなく、個別に対応する方式が必要になります。そしてただひたすら細分化（セグメント）していくだけでは、差別化にはなりません。過去と違い、セグメントされた市場ごとにライバルがしのぎを削っているからです。

(2)サービスを提供する対象を絞る

どんな業種・業態であれ、一つだけ外せない共通の前提条件があります。それは、サービスを提供する対象を絞るということです。経営資源が限られるなかで、全方位にすべてのサービスを高いレベルで、ワンストップで提供するのは不可能に近いからです。また、対象を絞ることで高粗利受注も可能になります。

サービスを単体でバラ売りすると、単価の相見積もりをとられ、価格競争にさらされます。複数のサービスをつなぎ合わせ、あるいは組み合わせて一つの大きな塊の総合サービスとすることで、単価をブラックボックス化し、高粗利の受注が可能になります。何より顧客に満足してもらえるのです。

この、単体のサービスでは味わえない顧客満足が差別化要因となり、高単価で顧客に受け入れられる要因となります。

次項より、対象エリアを絞った「特定エリア×ワンストップサービス」、対象顧客を絞った「特定顧客×ワンストップサービス」、対象市場を絞った「特定市場×ワンストップサービス」について紹介します。

(3)特定エリア × ワンストップサービス

商圏を特定エリアに限ることによって、サービスが行き届き、付加価値を見出す。従来より住宅・建設・不動産業がとってきた地域密着戦略の延長線上にワンストップサービスを提供することで、どのような効果があるのでしょうか。

敷島住宅

◇アフターサービスの品質にこだわる

敷島住宅は、創業五〇年を超える（一九六〇年創業）建売住宅の先駆者的存在である老舗企業。大阪、京都、滋賀を中心に地元に密着した事業を展開しています。

同社の特徴は一貫施工にあります。用地の仕入れ、土地造成、設計、建築、販売、アフターサービスまでの各機能を完全自社施工にて文字通りワンストップサービスで提供しています。販売価格帯は坪五〇万～六〇万円と高価格帯が中心です。

◇売りっぱなしにはしたくない

「売りっぱなしにはしたくない」。すべては、川島永好社長の思いから始まっています。この背景には、住宅の分譲事業者のなかには販売後の暮らしへの関与の低い事業者が多く、時に〝売り逃げ〟と揶揄される業界の体質がありました。

同社が最も力を入れているのが、販売後のアフターサービスです。組織として、カスタマーズセンターを設立。同センターには専任担当を置き、二四時間体制の受け付け対応で、顧客の契約書から施工図、施工写真、アフターの履歴までいつでもすぐに取り出せる仕組みを構築しています。さらに、組織内にメンテナンス部（定期点検班）とアフター部（補修班）を設け、きめ細かく対応し、リフォーム受注へつなげています。建築年数に応じた適切なリフォームを行うことで、中古市場においても良質な住宅としてその資産価値が適正に評価され、これが評判を呼んで高価格の販売価格帯を維持できる――という好循環を生み出しています。

◇目の前の利益を追わない

成功のポイントとして、カスタマーズセンターを売上げ予算を持つ直接（ライン）部門とせず、経営戦略としての間接部門と位置づけたことが挙げられます。定量成果も出ており、たとえば、二〇〇九年の設立当初は補修費三〇〇〇万円／年であったのが、二〇一六年度実績では一二〇〇万円と、一八〇〇万円も削減できています。これは、現場の不具合を設計・建築へフィードバックすることで、上流工程からクレームを予防する仕組みができているからです。

また現場監督一人当たりの平均アフターサービス対応件数は、二〇〇九年には一〇〇件／年であったのが二〇一六年には三五件／年と、三分の一にまで減らすことができました。対応ノウハウが蓄積されることで、入電時の対応マニュアルができ、電話で処理できている（監督が現場へ行かなくてもよくなった）からです。現場監督に充てる時間は目に見えないコストではありますが、生産性の改善効果は絶大です。

◇すべては顧客満足のために

同社のモデルは、地場ビルダーが目指すワンストップサービスの王道だといえます。すべてが高いレベルで徹底されないと完結しません。三〇年かけてエリアで高価格帯のブランドを浸透させ、人づくりを進め、理念を浸透させ、アフターサービスを回す。すべての歯車が回ったときに初めて成功するのです。どれか一つが欠けてもなし得ません。一つひとつのサービス（事業）が高いレベルで構築されているからこそ実現できるワンストップサービスなのです。

最大のポイントは、川島社長の「未来永劫、このビジネスモデルでいこう、各工程（機能）で人材を採用、育成し続けよう」と決めた覚悟にあります。

(4)特定顧客 × ワンストップサービス

サービスの対象を特定顧客に絞ることで、顧客のニーズをより深く知ることができ、商品・サービス開発を有利に運ぶことができます。また、主となる事業から派生したさまざまなサービスを事業化することで、さらに顧客との距離が近くなり、顧客から圧倒的な支持を得ることが可能となるのです。

学生情報センター

◇少子化時代でも伸びるマーケットに着目

一九七五年に建設会社として創業し、マンション建築などを手がけていた学生情報センター。同志社大学の京田辺キャンパスの開学をきっかけに、一九八三年より『ナジック』ブランドで学生マンション事業を本格的に開始しました。

少子化に伴って顕在化してきた「大学側の〝学生の生活環境を良くしたい〟という危機感」そのものをチャンスと捉えた同社。相場より安い家賃の学生マンションの開発に取り組み、地主との地道な交渉の末、これを実現しました。

学生総数と大学生数の推移を見ると、統計を取り始めた一九四九（昭和二四）年は五〇万人でしたが、二〇一三（平成二五）年では約二八〇万人と実に六倍に迫る数字です。学生の総数は、一九九五（平成七）年をピークにやや下降トレンドとなっているものの、大学生の数は増え続けています。

「え？　少子化なのになぜ伸びているの？」

その答えは、進学率の増加です。背景には社会環境の変化があります。子どもの数が減ると、たとえば一人っ子なら教育投資が集中し、より良い教育を、と思うでしょう。女性の社会進出が増えたことも背景にあるでしょう。浪人生の数も減り、学生情報センターのデータによると、一九八九年に五二％だった大学進学率は、二〇一四年で七七・九％と大きく増加し、約一・五倍「大学に入りやすく」なった計算です。また、外国人留学生も増えています。

子どもの数が減っている半面、大学生の数は増えている。こうしたマーケットに着目し、学生マンション建築で持続的に成長しているのです。

◇学生から圧倒的に支持される

学生マンション事業は「事業運営委託方式」をとっており、オーナーの土地に賃貸マンションを建て、オーナーと入居者の関係性を、総合的にサポートするサービスをビジネスの核としているところが特徴です。

さらに同社は、「教育機関との深いつながり」や「学生のことをよく知っている」という、これまで学生マンション事業で培ってきた固有技術を生かして、中堅・中小企業の人材確保という課題に対し「ワークプレイスメント」というソリューションを提供しています。ワークプレイスメントとは、長期かつ有給のインターンシップであり、学生には収入と就業体験、企業側には就業希望促進や採用後の離職率低下、学校側には学生の就職率向上といったメリットがあり、学生・企業・学校・同社の四者関係を築くことで、新たなビジネスモデルを構築しています。学生の一人暮らしをワンストップでサポートしたビジネスモデルの展開であるといえます。

少子化の時代において、大学は学生の獲得に力を入れています。しかし、学生数を増やそうとしても、地方から出てくる学生の住むところがなければ、受け入れることができません。同社はそんな課題を抱える大学とうまく連携し、学生マンションを〝インフラ整備〟の一つとしてパートナー関係を構築できたことが大きな成功要因だといえます。

一つの事例を紹介します。立命館大学においては、合格者向けの入学案内書類のなかに同社の学生マンションの入居案内が同封されています。ライバルから見れば、これほど高い参入障壁はないでしょう。特定の顧客（学生）に絞ってきた結果のなせる業であるといえるでしょう。

現在では全国の管理戸数が学生寮を含め三万九八〇〇室という学生マンション事業のナンバーワン企業に成長しています。

(5)特定市場 × ワンストップサービス

中古住宅市場において、不動産仲介とリノベーションをセットで提案し、中古不動産の物件探しから、資金計画までをワンストップで提供するモデルが増えています。工事機能を持ち合わせていない不動産仲介業者と、中古物件の不動産情報を持ち合わせていない工事業者が双方の弱みを補完し合い、リノベーションを前提に中古物件の購入を考えている消費者のニーズを満たすというモデルです。

このように自社内ですべてを完結するモデルだけではなく、パートナーとアライアンスを組んで（施工は自社で、仲介はパートナー会社へ委託するなど）対応するモデルが多く採用されています。一つの会社のなかで無理にワンストップサービスを提供するよりも、各分野に特化した企業同士を結ぶ窓口となりサービスを提供するほうが、全体の品質を上げられるという判断によるものです。

3　技術のサービス化

(1)小口工事の事業化

元来、小口工事は儲からないものです。大口の工事を取るための前段として、得意先に頼まれていやと言えない……と、決してポジティブではない発想で取り組まれてきた領域ではないかと思います。しかし、この小口工事を事業の柱として、成長している会社があります。一般家庭向けの暮らしサービスを対象としたＢtoＣモデルを紹介します。

島根電工

◇一般家庭の暮らしサービスに着目

島根電工は一般家庭の小口工事を展開する地方の設備工事会社。『住まいのおたすけ隊』の名称で、各家庭の「ちょっとした困ったこと」――たとえば「照明が暗い！」「水道の蛇口から水が漏れる！」「換気扇が汚れている！」など、暮らしに関わるサービスを事業化しているのです。住まいのおたすけ隊は、一般家庭向けに、小口の工事をコンセント一個から引き受けるサービスのことで、同社が二〇〇一年から展開しています。

同社グループ総売上高一五五億円のうち、約半分に相当する七〇億円余りを小口・提案工事が占めており、小口工事の七〇％が五万円以下の工事です。多くは個人住宅の工事であることから、いかに一般家庭からのニーズが多いかが分かります。

しかも、同社の本社がある島根県の県民所得は全国で四六位（二〇一三年度）。隣の鳥取県は四七位と最下位。しかもこの二県は人口流出が続き、両県を合わせて一三〇万人弱の人口規模しかありません。同社はこの二県を主な営業エリアとしているというから驚きです。

いわゆる件名工事といわれる大型の公共工事やゼネコン工事を受注して県内ナンバーワンまで上り詰めた会社が、一般家庭の「小口工事」で七〇億円を売り上げるまでに変革したのです。

同社の改革を一言で表すなら、「建設業からサービス業へ」と生まれ変わったこと。同社では〝期待を超える感動のサービス〟を提供することでリピート客を増やし、売上げを確実に増やしています（参照：荒木恭司著『「不思議な会社」に不思議なんてない』あさ出版）。

◇顧客が顧客を呼ぶ善循環システムの確立

顧客が顧客を呼び、社員が自信を持ち、さらにサービスが良くなり、また顧客が増える。そんなサイクルを同社はグルグル回しているのです。顧客も気づかないニーズを掘り起こす→期待値を超える〝感動〟となる→「次も頼もうと思ってもらえる」「知り合いを紹介しようと思ってもらえる」→仕事が増える→社員の自信につながり、さらに良い感動のサービスを届けようと努力する、という具合です。

◇サービスを「付加価値」から「商品」へ

これまで「感動のサービス」の多くは、エンターテインメント業界（東京ディズニーランドなど）もしくはホスピタリティー業界（リッツ・カールトンが有名です）の領域として語られてきました。住宅建設業界においても、あくまでモノをつくることが本業であり、技術が第一。サービスの提供はそれに付随する付加価値とされてきました。

感動のサービスを標榜する同社の住まいのおたすけ隊では、サービスこそが商品です。そして、サービスが良ければ、感動されて、多少価格が高くても顧客は喜んで注文をくれる。逆にサービスが悪ければ、価格を下げても顧客はついてこないということを教えてくれます。

(2)小口工事の収益化

島根電工のような、小口工事事業の収益化へのポイントは大きく三つあります。順を追って説明しましょう。

①標準化

トイレが詰まる、扉が開かない、スイッチが入っているのに動かない。このように突発的なトラブルは、個々の店舗・家にとってはイレギュラーなことであり、その場ですぐに対応することが難しいものです。一方、修繕業者側にとってはルーティンワークの範疇であり、標準化できる項目だといえます。

この〝標準化〟こそが、小口サービスを収益の出る事業にできるかどうかの分水嶺です。イレギュラー対応をマニュアル化するには時間がかかり、学習し終わったときにはそのノウハウが不要になってしまうことが多いのではないでしょうか。またイレギュラー対応のため、出費も「一度限りなら」と諦めざるを得ず、かつその料金が妥当なものであるかの相場判断も通常はできません。

②ＩＴ化

小口工事の特性上、効率化なくして経営は成り立ちません。そこで外せないのがＩＴ化です。

ではどこをＩＴ化すればよいのか？　それは、時間（移動）コストの削減です。

先述の島根電工が独自開発した端末機『サットくん』は、一台で見積もりから施工内訳、請求書発行、集金までできる優れものです。家庭内の小口工事に対して、その場で「工事の内訳はこうで、金額はこうなります。この作業を追加すると金額はこうなります」と顧客に提示することができるのです。したがって、顧客はその場で判断でき、工事をする側はいちいち本社に戻って見積もりを作成して、後日また訪問して……という時間のロスがなくなります。

すぐに代金を支払う顧客に対しては、領収書が同時に出て、その場で集金まで完了し、一回の訪問ですべての仕事が終わります。また、島根電工の「おたすけｎｅｔ」という情報システムでは、顧客の修繕履歴や家の所在地、地図まで表示されるので、修繕対象のメーカー・型番を調べる手間もいらず、すぐに駆けつけることができるのです。

③サービス化

住宅産業はサービス業であるとよくいわれますが、その内容は一くくりにはできません。住宅建築を手がける工務店であれば、あくまで商品は〝住宅〟。しかしながら小口工事（修繕・メンテナンス・小規模リフォームなど）の場合は話が違います。注文住宅のように、何もないところからつくり出すという特性ではないので、商品は〝サービス〟である比重が高いのです。この違いを認識すべきです。

同じ担当者が、大口工事をやりながら手の空いたとき（工事と工事の切れ目）に「小口工事へ回る」では、事業化を目指すのであればうまくいく確率は少ないといえるでしょう。決して、大口工事の担当者は小口工事に求められる〝きめ細かなサービス〟ができない人間だといっているのではなく、顧客に求められる能力が違うということなのです。

大口工事ではプロジェクトマネジメント能力、小口工事ではサービス対応能力がより必要とされるでしょう。

「大は小を兼ねる」の考え方ではなく、長い時間をかけて、建物を完成品として納品する大口工事と、短時間で、時には目の前でサービスが消費される小口工事とでは、そもそも競技種目が違うことを認識しなければなりません。

（3）「建てる」から「管理・運営する」へ

賃貸住宅の経営に素人であっても、相続税対策として「固定資産税が安くなるのなら」と賃貸住宅の経営に乗り出してきた土地オーナーが多いのも事実です。結果として、経営には力を入れていない、文字通り「建てただけ」の入居率の低い物件が空き家数の増加を生んでいます。

日本管理センター

◇サブリースを主力に急成長

創業から九年でＪＡＳＤＡＱ、一〇年で東証二部、一二年で東証一部に上場。ＪＡＳＤＡＱ上場時の時価総額は一六億円でしたが、東証一部上場後の現在は二五〇億円であり、たった六年足らずのあいだに株価は一五・六倍まで上昇と驚異のスピードで成長しているのが、日本管理センターです。といってもバイオやＩＴ関連企業ではなく「不動産業界」においてです。

同社は不動産物件を一括で借り上げて転貸するサブリースを主力としています。一般的に、サブリースは保証賃料固定で行う企業が多いのですが、同社は最低保証賃料に加え、それを上回った金額に応じて収益分配金を受け取ることのできるシステムを提供。「オーナー資産の最大化」をテーマとした経営が評価され、サブリースの管理戸数は着実に増加しています。なお、同社のサブリースは全国をカバーしており、地方の管理物件が多いのも特徴です。

◇三方よしのビジネス

同社の主力商品・サービスはサブリース（一括借り上げ）ですが、アパートメーカー、ハウスメーカーが扱っているようなサブリースとは一線を画しています。同社の創業者であり、代表取締役である武藤英明氏は「この業界を見渡すと、アパートメーカー以外は運営に苦しんでいることから、マーケットのニーズに合ったサービスをきちんと提供するプレーヤーが必要だと感じ、創業に至った」と言います。

事実、業界内には有名メーカーの建築物件は多数存在しているものの、儲かっているというオーナーに出会うことはあまりありません。地主が持つ土地の立地条件、エリア特性はさまざまであるにもかかわらず、同じものを建てていては、入居者の満足を得ることはできないからです。

ではなぜ同じような建物になってしまうのでしょうか。建てる側の立場で考えると、「建てて儲ける」ためには、一棟ずつオーナーの意見を聞いて、カスタマイズして建築していては採算ベースに乗りません。できるだけ材料を規格化し、完成までの工程を効率化しようとするのは

図表8　日本管理センターの「三方よし」

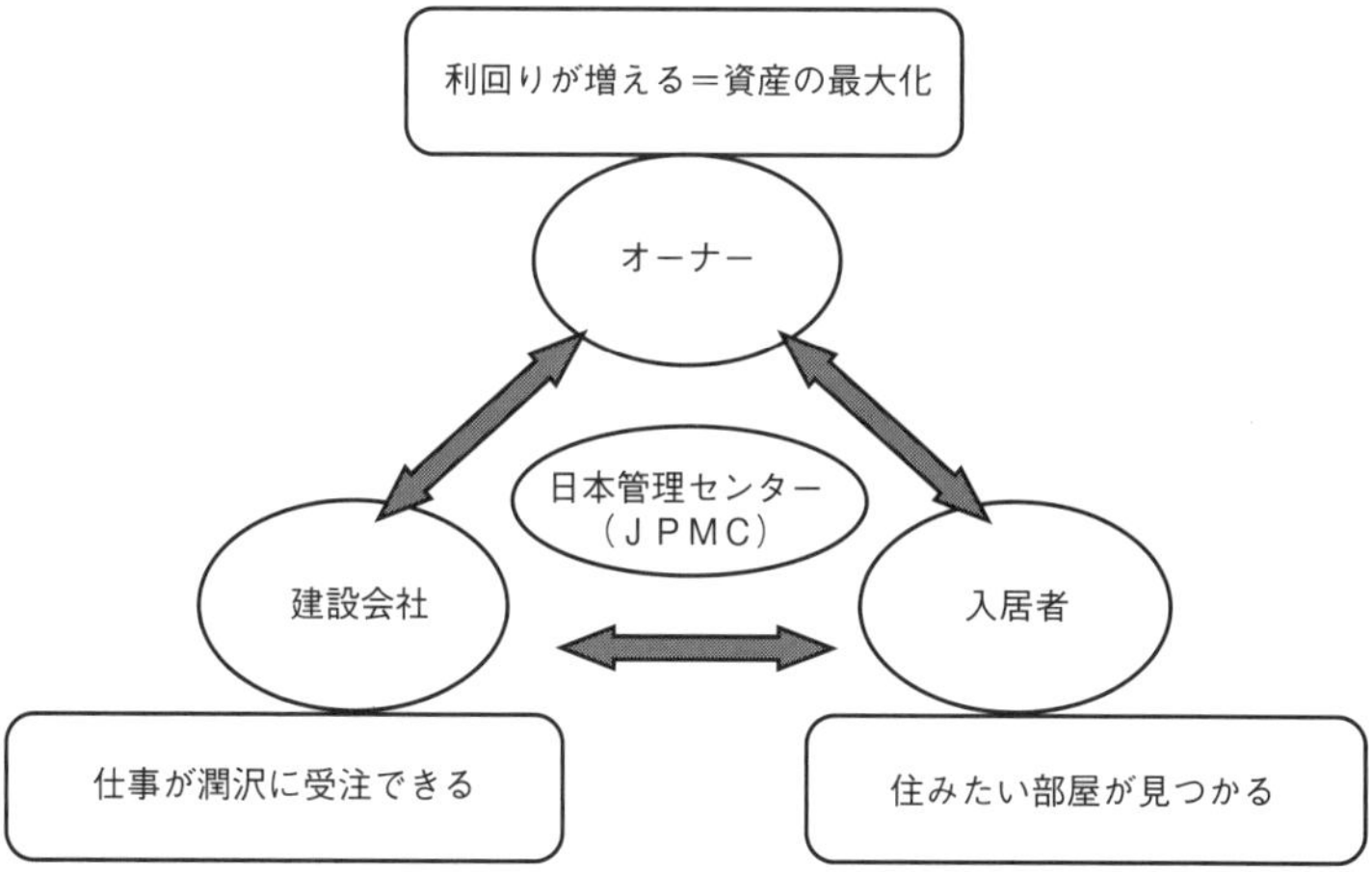

出所：日本管理センター

当然です。その結果、標準化された建物になります。

このような業界特性のなか、同社では〝三方よしの考え方〟をビジネスルールの基本コンセプトとして取り入れたのです（【図表８】）。つまり、オーナー、建設会社、入居者それぞれにメリットを出すことです。

したがって、その土地に合ったマーケティングをし、入居者のニーズにも合い、なおかつオーナーにとっても利回りの出る物件をつくり、それを同社が借り上げて運営するというコンセプトでビジネスを展開しています。

◇サービス開発

①契約に保険をかける

サブリースを活用するメリットの一つは、

一般管理方式と違い、オーナーに相談することなく、さまざまな入居促進策を打てることが挙げられます。一般管理方式では、不動産の価値を高める提案をする際、管理会社はオーナーの説得に時間を割かなければいけません。当然、労力がかかります。サブリースは自らがオーナーとして判断・決定することができるため、管理運営のプロを自負する同社は、エリアに合ったさまざまな入居率改善の対策をスピーディーに行うことができます。

また、同社では、空室により保証賃料を下回ったときのために、借り上げた物件一棟ごとに損害保険をかけ、リスクヘッジをしています。契約に保険をかけるという発想は見事です。

②ツールではなく、ビジネスそのものである

同社ではサブリースそのものがビジネスであることが最大の特徴です。大手アパートメーカーでは、自社商品を販売するためのツールとしてサブリースが利用されています。この着眼点が根本的な違いであるといえます。

「建てて儲ける」技術発想ではなく、「管理・運営して儲ける」というサービス発想なのです。

4 逆張り戦略

決してひねくれているわけではありません。古今東西、逆張り戦略は有効です。他社がやらないということは、やろうとしない理由があるからです。その、やらない・やれない課題を解決することができれば、大いに道は開けます。

(1)先行企業の〝不〟から学ぶ

二番手が一番手に追いつく近道は、トップ企業の取りこぼした部分に工夫を加え、それを前面に出して戦うやり方です。これが功を奏す場合は少なくありません。

かつて日本航空(JAL)の後塵を拝していた全日本空輸(ANA)は、ファーストクラスとエコノミークラスの間にあるビジネスクラスのシート面積を拡大し、出張ビジネスパーソンを中心に〝エコノミーでは狭いが、ファーストは高すぎる〟という不満を解消し、絶大な支持を得ました。

このように、既存の「業界の常識」を疑い、独自の方法や視点を打ち出したサービスを展開することで、突破口となることが可能です。MUJI HOUSEの事例で見てみましょう。

◇住まいづくりへのアンチテーゼ ～四つの挑戦～

良品計画の子会社であるＭＵＪＩ ＨＯＵＳＥの基本コンセプトは、「永く使える、変えられる」です。専務取締役である田鎖郁夫氏は「住宅の長寿化、長期利用化」を長年研究してこられました。そのため、「どうすれば住宅を長期利用できるのか」ということが同社の基本概念としてあります。

既存の住まいづくりのアンチテーゼから、同社は四つの挑戦をしました（【図表９】）。一つ目は、部屋の間取りの捉え方を変えることです。長い間住宅業界の常識となっている〝ｎＬＤＫ〟という売り方をやめ、〝一室空間〟のみとしました。広い空間を自由に仕切れることや、広くて何もない空間を持つことが、一番ぜいたくなのではないかと考えたからです。従来型の間取り提案は、供給側のお仕着せであり、ユーザーの生活を固定しているとまで喝破しました。

二つ目は、商品ラインの絞り込みです。自社で商品開発をするものの、これを三商品のみに絞りました。通常、ハウスメーカーは定期的にモデルチェンジをします。新商品は雑誌やテレビなどさまざまなメディアに取り上げられることもあり、無料で宣伝ができます。興味を持った人からの資料請求も増え、営業スタッフはもちろんのこと、現場も本社も販売促進に向けて

図表9　既存の住宅とMUJI HOUSEの挑戦

既存のやり方	MUJI HOUSEの挑戦
ｎＬＤＫの生活	１室空間
2年ごとに展開商品を変える	同じ３商品のみ
価格と性能は建てるまで不明	一物一価（個別に構造計算）
営業担当者がノルマ販売	お客さまが買いにくる

出典：タナベ経営「平成27年1月27日　住まいと暮らしビジネス成長戦略研究会」MUJI HOUSE講義レジュメより抜粋

盛り上がります。このように、新商品がマーケットに刺激を与えることは明白ですが、同社はそれでも多く出さないという戦略を貫いています。

それは、二〇年間ずっと同じ商品を売り続けることで、新築でも中古になっても、一定の価値を生み出したいという思いからです。これは無印良品（良品計画）が提供している、古くなっても飽きのこない定番商品を提供し続けるという考え方を住宅業界へ移植したものです。「永く使える、変えられる箱（丈夫なしっかりとした性能を備えた）をご用意しましたので、あとはご自由に生活してください」というスタンスなのです。

三つ目は価格の明示です。「プランが決まるまで値段が分からず、オプションが付くたびに価格が上がる」という顧客からの不満の声を受けて、〝一物一価〟にこだわっています。

最後が営業体制の改革です。当時の業界内で一般的だった〝夜訪と電話でのアポイント〟を禁止しました。インターネット空間を駆使し、打ち合わせは出向くのではなく、すべて顧客に店舗へ来てもらって行う体制へと大きく変更しました。

(2)業界の慣習を打ち破る

平成建設

◇業界の慣習を打ち破るビジネスモデル

平成建設は静岡県沼津市に本社を置く、売上げ規模一五〇億円(二〇一六年度)の地場ゼネコンです。最大の特徴は「徹底的な内製化」にあるといえます。同社代表の秋元久雄氏は創業時をこう振り返ります。「業界を見渡したとき、皆同じビジネスモデルで戦っている」と。同じビジネスモデルというのは、元請けがいて、一次下請けがいて、その下にさらに二次、三次下請けがいて、工事の実務を担当するのはすべて外注で、工事が発注されたとき(必要時)のみ呼び集められ、終われば解散する、という流れのことです。

図表10	収益構造のイメージ

①景気上昇局面

	A社		B社	
売上高	1000百万円	100.0%	1000百万円	100.0%
変動費	800百万円	80.0%	400百万円	40.0%
限界利益	200百万円	20.0%	600百万円	60.0%
固定費	170百万円	17.0%	550百万円	55.0%
経常利益	30百万円	3.0%	50百万円	5.0%

②景気下降局面

	A社		B社	
売上高	900百万円	100.0%	900百万円	100.0%
変動費	720百万円	80.0%	360百万円	40.0%
限界利益	180百万円	20.0%	540百万円	60.0%
固定費	170百万円	18.9%	550百万円	61.1%
経常利益	10百万円	1.1%	▲10百万円	—

◇景気の波に左右されない

なぜそのようなモデルになるのでしょうか。

それは、【図表10】の収益構造で説明ができます。①のA社は一般的な建設会社の収益構造。B社は平成建設のように外注を内製化して取り込んでいる会社です。分かりやすくするため、その他の条件はすべて同じで、最終の売上高経常利益率は内製化しているB社のほうが高いと仮定します（内製化によるコストダウン施策、たとえば、多能工化や生産性の改善などを実行していることが前提）。

通常であれば経常利益率が高いのだから、皆こぞってB社のモデルを目指しそうなものですが、景気下降局面においては、②のように一律に売上げが一〇％下がると仮定するとB社のほうがダメージは大きい。これが前述した、業界で常識とされているような皆一様に同じビジネスモデルになる背景です。

ここに一つのミスリードがあります。景気下降局面だからといって、ライバルが売上げを一〇％落とせば、自社も売上げが一〇％落ちるのかという疑問を持つべきです。残念ながら、同じビジネスモデルで戦っている以上は、景気上昇局面では皆と一緒に浮上し、景気下降局面では皆と一緒に下降する運命共同体になるでしょう。

しかし、皆と同じことをしていない平成建設は、毎年売上げを確実に伸ばしています。おおよそ、業界の浮き沈みとは無関係です。これこそが、逆張り戦略の真骨頂だといえます。

◇全員が賛成するビジネスは手遅れ

「役員会では全員反対しています」。誰もやらないビジネスは、「前例のないビジネス」であることから、経営資源の投入に対し皆の賛同を得られないことが往々にして起こり得ます。ヤマト運輸の『宅急便』事業も、当初は役員全員が反対だったそうです。

ある経営者いわく、「役員が全員反対では、その事業は時期尚早。全員賛成ではすでに手遅れ」「二対八で反対が上回るくらいがちょうどいいもんだ」と。言い得て妙ですが、時には、合理的な分析結果に基づく判断だけでは、「変化と成長」を成すことはできません。「挑戦する喜び」を忘れないでいただきたいと思います。

第2章

ストックマーケットの取り込み

1 「新築住宅」対「中古住宅」

「中古住宅」という言葉が一般的になってきました。住宅雑誌を読んでいても、「新築住宅派と中古住宅派」なる比較をするものが増えたように感じます。しかし、私はそんな狭い議論を行うべきではないと思っています。住宅に限らず、歴史のなかで積み上がった〝ストック〟を有効に使うという、もっと大きな時代の潮流として――つまり、「ストックビジネス」として捉えるべきではないでしょうか。

単に中古住宅市場にとどまらず、地域や街単位での取り組み、日本人の暮らし方に対する価値観の変化にもスポットを当て、次に大きく三つの対策を解説したいと思います。

(1)ストックを有効に使う

国内には中古住宅が余っています。ニュースや雑誌で空き家問題について耳にしたことがある人も多いはずです。五二四五万の世帯数に対して、六〇六三万戸の住宅ストックがすでにあり、空き家が八二〇万戸あります（序章参照）。八二〇万戸という数字がどれほど大きいかというと、東京都の住宅総戸数が七三六万戸（二〇一三年度）ですから、東京都全体がゴーストタウンになったような状態です。これは単に空き家が増えているという事実だけではなく、人々の消費マインドに影響を及ぼします。ある閾値《いきち》を超えたところで、環境変化に応じた特有の消費行動が生まれてくるものです。「物件が余っているなら、これを有効に使おう」とする動きが全国各地で起こっています。

たとえば、商売繁盛の神様でも知られる花園神社（東京・新宿区）の隣に移転した吉本興業東京本部の新社屋。ここは、一九三四（昭和九）年に建設され、一九九五（平成七）年に学校統廃合によって閉校した、旧新宿区立四谷第五小学校の建物をそのまま利用した、遊び心あふれるオフィスです。もともと教室だった部屋には黒板なども残ったままで、会議室には〝○組〟などのプレートもかけられています。また、小学校特有の横に広いつくりで、部屋を仕切るドアもなく開放的な雰囲気です。社員集会を運動場で行うなど、元・学校ならではのユニークな使い方をしているようです。

また、長野県・善光寺の門前町では、古民家を改修してゲストハウスとして活用しています。単なる宿泊場所としてだけではなく、ご近所さんがふらりと訪れたり、旅人が出会うコミュニティーの場としても親しまれ、街を活性化させています。

(2) 中古住宅という選択肢

日本人は「新しいものが好き」。いつまでもそう思い込んでいないでしょうか。グーグルトレンドの検索ボリュームでは、「新築マンション」と「リノベーション」は、今や拮抗《きっこう》しているそうです。

中古住宅が日本でさらに流通するには、まだまだ法整備も含めて越えなければいけないハードルが存在しますが、ここでは、中古戸建て住宅、中古マンション・団地の最前線を紹介しましょう。

カチタス

◇戸建て住宅リノベーションのトップブランド

市場で中古住宅を買い取り、リノベーションした後に再販売するビジネスモデルを「戸建て住宅再販」といいます。中古住宅再販市場で年間販売戸数約三〇〇〇戸の実績を出すなど、二位と二倍以上の差をつけている（二〇一五年度末実績、リフォーム産業新聞調べ）のが、カチタス（群馬県桐生市）です。

タナベ経営が発行する『FCC　REVIEW（ファーストコールカンパニー・レビュー）』二〇一六年六月号に掲載した、同社代表取締役社長の新井健資《かつとし》氏へのインタビュー記事から、地方都市を中心に急成長する同社のビジネスモデルを紹介します。（以下引用）

通常、中古住宅は不動産仲介会社を経由して買い入れた購入者が、工務店などにリフォームを依頼して修繕するのが一般的だ。そんな中古住宅市場で、中古住宅を買い取り、リフォームを施し、販売するという中古再販事業を展開しているのがカチタスである。同社は年間約三〇〇〇戸、累計四万戸に上る中古再販住宅を提供し、この分野で日本一の実績を誇る。人気の要因の一つは、手頃な売り出し価格にある。

「築年数などで変わりますが、個人でリフォーム会社に依頼すれば八〇〇万円程度はかかる内容のリフォームを行い、平均一三〇〇万円ぐらいで住宅を再販しています。この価格帯なら住宅ローンも月三万円台ですから、初めてマイホームを手に入れたい方々に支持されています」

成長の理由を語るのは、カチタスの代表取締役社長・新井健資氏だ。同社の前身である「やすらぎ」が設立されたのは一九七八年。以来、長く競売物件の買い取り再販を行ってきた。しかし、競売物件の減少や落札価格の上昇によって大きく事業の方向を転換。目を付けたのは中古住宅の直接買い取りだった。新井氏が社長に就任した半年後、二〇一三年のことである。

当時から、地方では高齢者が老人ホームに転居するなどして無人住宅が増え続けていた。（中略）「社会的な課題の解決と事業拡大という一石二鳥になる」と考えた新井氏は、積極的に中古住宅を仕入れ、取扱件数を一挙に拡大。仕入れ先は地域の不動産仲介会社や住宅の所有者である。

競売物件は裁判所で入札を行うため、同社は全国の地方都市に営業拠点を展開している。そのネットワークを生かして中古物件の情報を吸い上げ、仕入れてリフォームを施し、販売していったのである。

人気の秘密は低価格に加え実用性の高さと清潔さ

カチタスが手掛ける中古再販住宅は、築三〇年前後の物件が中心である。そこで問われるのが目利き力。寿命が短い水回りならまだしも、住宅の基礎を支える躯体《くたい》が傷んでいるとリフォームも大掛かりにならざるを得ない。当然コストがかさみ、売り出し価格に反映されてしまう。それではカチタスの中古再生物件の〝売り〟である低価格は実現できない。

つまり、リフォームして販売できるか否かの査定が重要になる。中でも躯体がシロアリ被害で朽ちているようだと、新築に建て替えた方が割安になる場合もある。

「不動産価値は当社社員、躯体の状態はシロアリ駆除業者、そしてリフォームの実現性は工務店というように、それぞれプロが査定して仕入れるか否かの判断をしています」（新井氏）

　優れた目利きで仕入れた中古住宅をリフォームする際にも、ポイントがあるという。新井氏は「実用性が高いことと、見た目もきれいで清潔なこと」を挙げる。逆に個人の好みや趣味を反映したテイスト重視のリフォームは行わない。いわゆるスタンダードで万人受けする住宅に仕上げることが多い。

　実用性の代表に挙げられるのが駐車場だ。同社の物件は人口一〇万人前後の地方都市に多く、そうした地域において車は必需品である。通勤・通学、買い物、レジャーなどのさまざまな用途で使用するため、家族に一台というケースは少数派。二台保有が当たり前、家族の人数分を持つ家も珍しくない。そこでリフォーム時に駐車場を広げる、追加するといった工夫を凝らす。

「一台の駐車スペースを、二台分にリフォームすることは多いですね。庭のスペースを減らしてでも駐車場を確保します。時には、当社の社員が交渉して隣家の敷地の一部を購入

し、新たな駐車スペースをつくる場合もあるほどです」（新井氏）
こうしたリフォームの企画力が同社の強みでもある。
もう一つのポイントとなる、見た目の美しさと清潔感。これも再販住宅に不可欠な要素だ。キッチンやトイレ、洗面所、風呂などが汚れていると、当然ながら購買意欲は湧かない。そこで、水回りや壁、床などを新築同様にして売り出す。
同社が実用性と清潔感に配慮したリフォームを施すのは、顧客ニーズを反映してのことである。顧客の中心は三〇～四〇代で、これまで賃貸物件に住んでいた人。賃貸の家賃と変わらない出費でマイホームを持ちたいというメインターゲットのニーズが、「住宅のテイストにはこだわらないが、使いやすくきれいな物件」なのだ。カチタスはこうしたニーズを吸い上げ、地方都市で市場を拡大し続けている。

今後は地方都市から首都圏など都市部へ進出

（中略）直接買い取りという仕入れルートにシフトして以来、順風満帆に事業を拡大しているカチタス。今後は都市部エリアの強化を打ち出している。ただし、首都圏など都市部の中古再販は、地方とはニーズが違う。地方の相続物件や住み手がいない住宅事情とは異なり、築年数が浅い物件が多く、ライフスタイルなどへのこだわりも強い。当然、仕入れやリフォームの在り方も異なってくる。

「正直に言うと、都市部の中古再販は当社の弱い部分です。仕入れやリフォームのノウハウなどを自社で蓄積していては、スピードが遅くて商機を失ってしまう。そこで、都市部に強い同業のリプライスと経営統合し、両社の強みを生かしながらシナジー効果で事業拡大を図りたいと考えています」（新井氏）

地方から都市部へ、事業エリアの拡大を見据えて新たな局面を迎えるカチタスは、二〇一六年三月、リプライスとの経営統合により、五〇〇億円規模の連結売上げを誇る企業になった。年間一万戸、売上高一〇〇〇億円というビジョン達成に向け、前進を続ける。

今日では、中古マンションを自分の好きなようにリノベーションして購入する住まい選びが主流になっています。第1章でも紹介しましたが、「中古物件の仲介×リノベーション」に加えて、物件の選定から購入後の暮らしに関わる面で「プラス1《ワン》」のサービスを加える動きが出ています。「仲介×リノベーション×プラス1サービス」という差別化スタイルです。仲介とリノベーションを組み合わせる事業に参入する企業が増えたので、次のステージでの競争段階に移行しているのです。

プラス1のサービスとは、たとえば、家電のセレクト、インテリアコーディネーターによる家具のセレクト、購入後の引っ越しの手配、何度も足を運ぶ店舗が駅直結であるアクセスの便利さ、ファイナンシャルプランナーによるライフプランの策定など、各社の特徴を打ち出した内容です。

価格は、新築の三分の二程度が一般的であり、インターネットを駆使して、洗練されたホームページで新しい暮らし方を訴求するベンチャー企業が多数現れています。この動きは、今まで住宅購入を検討していなかった層の需要を喚起しています。創業からわずか五年で売上高三〇億円を突破する企業も出てくるなど、若者を中心に支持を集めています。

(3)団地再生

都市への人口流入による住宅不足を解消するため、一九五五年に設立された日本住宅公団が、各地に画一的な団地を建設したのは過去の話。再編され、賃貸中心の都市再生機構(UR都市機構)となったのはご存じの通りです。そのURが積極的に取り組んでいるのが、無印良品の良品計画、家具販売のイケア、東急ハンズなどとの連携です。

あらためて団地を見渡すと、とてもぜいたくな敷地条件で建てられていることに気がつきます。建物の間隔が広く、光や風がよく通り、たくさんの緑があり、現在ではなかなか実現が難しい、ゆとりのある住戸も多いのです。

住まいと暮らし研究会で、ある団地を視察したときのことです。学生の団体が視察に訪れていました。

学生A「わーすげえ、これが団地か。初めて見た！」

学生B「ワッ、階段がない、庭広い！」

「カシャ、カシャ、カシャ」とスマートフォンで写真を撮り、すぐにSNSで発信。興奮気味に見て回った最後、「アリだね（移り住んでもよいの意）」と言い残して、さっそうと帰っていきました。

若い人に人気の高い各社の商品力やブランドを借りて、かつての古臭いイメージから確実に脱却を図っているようです。もしかすると団地は、都市に住むための場所として、今、最も賢い選択肢となり得るのかもしれません。

2　新築にはない価値を創出する

(1)古き良きものをそのまま残す取り組み

細長い家屋の表に店や仕事場、奥に居住空間。京都らしい町並みとその住文化を継承する、伝統的な都市型住宅である「京町家」は、「仕事と家庭」を両立できる理想の住居です。

その多くは戦前、古いものは大正・明治時代に建てられており、京都市などが二〇〇八～二〇〇九年に行った調査では、市内に四万八〇〇〇戸あるといわれています。しかし老朽化による建て替えや取り壊しにより、年間二％（約一〇〇〇戸）のペースで数を減らしていて、近年、官民入り混じっての保存活動が展開されています。

八清

◇脱スペック競争モデル

京町家は適切に修繕、改修を行うことで、世代を超えて長く使い続けることができますが、長いあいだ人が住まないでいると建物の傷みが激しくなり、取り壊されてしまうという状況が生まれています。

その京都で、リノベーションやコンバージョン（用途変更）により京町家に新たな命を吹き込み、その保全活動をリードしてきたのが、創業六〇年の地元老舗不動産会社の八清《はちせ》です。

京町家は、その多くが現代風にアレンジされ使われてきましたが、同社はこれらをスケルトン改修（構造材を残して大規模改修すること）し、外観は可能な限り京町家伝統のスタイルに戻したのです。内装は、現代のライフスタイルにマッチした間取りや仕様にするのですが、京町家の解体で出た建具を再生して使ったり、手づくり感のある仕上げやデザインを施したりと、「経年美」を生かす仕様に仕上げているのです。

同社の京町家は新しくても築六五年。家の性能面で勝負すれば、新築住宅には勝てません。そこで築年数で評価するのをやめ、古いからこそ表れる経年美を前面に打ち出しています。スペックの軸では戦わず、独自の競争軸を打ち立てたところが特徴です。

◇一〇人中、二人が欲しいと思う市場でナンバーワン

同社が販売する町家の平均販売価格は三〇〇〇万~四〇〇〇万円、坪単価八〇万円と決して安くはありません。時には新築に勝るほどの価格になることもあるといいます。壊して、新築物件を立てたほうが採算がとれるだろうと思われる方のほうが多いでしょう。京都の景観と街や文化を保存するという大義名分はありますが、それでも採算ベースに乗らなければ事業としては継続できないというものです。

同社は、まとまった区画を販売するような分譲スタイルをとっていません。たとえば、一〇棟まとめて売るとなると、性能が高く、それでいてコストも安い建物にせざるを得ないからです。一〇棟の買い手全員に気に入ってもらわないと売れないので、どうしても最大公約数的な

仕様になってしまうのです。しかし同社では、一〇人中の二人だけが「欲しい」と共鳴する住まいをつくっています。「二割でよい。ただし、その二割で圧倒的ナンバーワン」。このこだわりが、強気の価格設定を可能にしています。

同社のビジネスモデルは、築一〇〇年の町家を仕入れて、加工（リノベーション）して、販売する再販モデルです。買い手が決まってから買い手の要求を聞いてリノベーションをする注文住宅形式ではなく、建て売り形式をとっています。価格決定権で主導権が取りにくい〝請負〟をしない、という基本方針に基づいた戦略なのです。

◇付加価値についてもう一度考える

町家を改修すると同時に、近隣の協力を得ながら町家に隣接する砂利道やアスファルト舗装された道を、石畳に整備するプロジェクトを展開しています。京町家単体をリノベーションするだけでなく、実際にそこへ住む人たちが利用する「道」というパブリックな空間を整備することで、隣接する周辺の景観向上、地域全体の付加価値をも向上させているのです。そして、この石畳をつくることで販売価格も上がり、売れ行きも好調になるそうです。

通りの石畳は、その価値が分かる人にはたまらないものです。いらない人には一円の価値もないかもしれませんが、欲しい人にとっては、追加費用を払ってでも手に入れたい「価値」がそこにはあります。

一〇人中二人が支持する付加価値。ストックマーケットで付加価値を出す際、考え方のヒントになるでしょう。

◇業界のスタンダードを変える熱意

路地奥の再建築不可物件[注]には元来、銀行の融資は下りませんでした。それを、同社は粘り強い交渉の末、ついに某信用金庫から融資の許可を取りつけたのです。

これは画期的なことでした。実はこの「融資を受けられない」という状態は、建築基準法に基づいたものでした。この法律ができたのは、一九五〇年。すでにそのときの基準に合致した建築物はないのに、金融機関は今日まで同法を基準に融資を判断していたのです。

同社社長の西村孝平氏は、「八清のやってることがおかしいのか？　建築基準法に沿った融資制度がおかしいのか？」と理事長に迫ったといいます。不動産である以上、購入者にとってファイナンスは非常に大きな要素です。西村氏のように、常に「新しいスタンダード」をつくり続ける姿勢こそが、業界のリーダーたる条件なのではないでしょうか。

注　家を新築することができない土地。更地にしてしまった後は、文字通り再建築ができない物件のこと。物件によって理由はさまざまですが、京都で特に多いのは、建築基準法上で定められた「道路」に二メートル以上接していないというケース。細街路や路地など、道路に該当しない道にしか接していなければ、家を建てることができません。

(2)ビンテージビル ～築古ビルの再生～

ワインやジーンズにはビンテージという価値が定着していますが、住まいについてはまだ定着していません。ようやく分譲マンションの業界では、数年前からビンテージマンションという言葉が使われ始めました。商業ビルや貸しビルの中にも将来ビンテージと呼ばれるであろう、すてきなビルがたくさんあるのですが、老朽化を理由に取り壊されているのが現状です。

老朽化への道をたどるだけのビルは、ビンテージビルにはなりません。ワインやジーンズにしても、何十年後にその良さを見出し、人が飲んだり、はいたりしてこそのビンテージです。物件にビンテージとしての価値をつけ、良いものを残していく。そんな取り組みをしている事例を紹介します。

吉原住宅&スペースRデザイン

◇人が使ってこそのビンテージビル

物件視察や勉強会などを通じて、物件オーナーのビル再生イメージをつくり出す吉原住宅と、そのイメージを実際に形にするスペースRデザイン。両社は、老朽化した賃貸ビルに、古い建物ならではの価値をもたらすことで、「ビンテージビル」として商品化しています。ビルも古き良きものを残しつつ再生し、人が使って、つながりをつくってこそ、「ビンテージビル」であるというのが両社の考えなのです。

まずは、両社が手がけた代表的なプロジェクトの成功までの過程を紹介します。

【リノベーションミュージアム冷泉荘（福岡市博多区、総戸数二六戸）】

一九五八（昭和三三）年築の「冷泉荘」。第一期として、二〇〇六年に入居者によるセルフリノベーションプロジェクトを開始。現状有姿（現在あるがままの状態）で貸し出し、内装などの撤去費用はスペースRデザインが負担。敷金・原状回復費用はなく、家賃は三万五〇〇〇円。三年間の定期借家契約（途中解約不可）、改装費は入居者負担。この条件で、若手のクリエーターやアーティストらに募集をかけたところ、クチコミだけで一〇〇組の応募があり、一人ひとりとの面接後二〇組と契約しました。

二〇一〇年、第二期プロジェクトを開始。SOHO[注]活用を前提として本格的な芸術家や個人事業主などの〝文化人〟を対象に、五万円の家賃で貸し出しを開始。すべての改装住戸で原状回復は求めず、退去後そのままの状態で次の入居者の募集を行いました。その結果、ユニークさに注目した数々のメディアに取り上げられ、ブランド化に成功。現在は、近隣の新築賃貸住宅の家賃に近い、約六万円で貸し出しているといいます。

注　SOHOとは、Small Office Home Office の略で、小さなオフィスや家庭でビジネスを行う人たちのこと。

◇ビンテージ価値を認めさせることに成功

物件を居住用からテナントオフィス、それもSOHO物件にコンバージョン（用途変更）することで、賃料を上げることができたのです。リノベーションの視点でも、住まいだと点数が多いけれど、オフィスなら少なくて済み、投資利回りとして戻ってくることが期待できます。

そして何よりも、このSOHO物件というところがポイントです。入居者は一国一城の主として仕事をしているので、個性的な人ばかりだといいます。博多でも希少な人形師や、大学講師、日本画家やファッション関係者、飲食業などさまざまな職業の人が事務所やアトリエ、ショップとして利用しているのです。アートやカルチャーを集積・発信する場として築年数を重ねるごとに熟成していく同ビルは、二〇一二年には福岡市都市景観賞を受賞しました。

ビルも古くなると、空き部屋が目立ち、補修も何もしなければスラム化してしまいます。かといって、数千万円、数億円単位での大規模改修工事を施したところで、回収できるだけの新たな入居者と賃料設定に自信が持てず、ズルズル年月だけがたつ……。こういうパターンが一般的ではないでしょうか。

◇コミュニティーが付加価値を生む

一般のビルから、ビンテージマンションへと変革するポイントは、三つあります。

①何もしない

状態の良いビルであれば何もしなくてもいい場合もあります。ビルの持つエイジング感あふれるパーツを洗い出してみて、鉄格子の窓、真鍮《しんちゅう》のドアノブ、階段の滑り止め、窓ガラスなど、今の時代には巡り会えないレアなパーツを大切にします。

ジーパンでいえば、シワや破れ、色あせ感、製造が中止されたボタン……といったところでしょうか。レアなパーツを見つけるたびに気分の高まる同社スタッフと、お金がないので改修しなかっただけだと恐縮するオーナーの姿がいかにも対称的です。

②築一〇〇年まで経営して、三代にわたって果実をとる

ビル一棟の存続と利回りを考えると、五〇年で建て替えをする場合と一〇〇年持たせるので

は、オーナーの利回りが違います。圧倒的に後者のほうがよいのです。また、新築の三分の一の工事費で利回りを三倍にもできます。

「一〇〇年親子三代で投資利回りを最大にする」。短期の利益を追わない姿勢が大切です。

③固有技術は「コミュニティー価値の創造」

両社は地域のコミュニティーをゼロから創出し、それを付加価値へと変換できることが強みです。平たく言えば、入居者同士、入居者と地域のコミュニティーをつくり出し、〝テナント家賃を上げる〟ことができるということです。

もう少し説明を加えると、次のようになります。

- 最初の三年は、低い家賃でもよいので、アーティストなどに三年の定借条件付きで入居してもらう。
- この三年間を、ビル周辺のポテンシャル（どれだけの人が周辺にいるのか）を探るテストマーケティング期間であると同時に、地域に〝活気をつくる三年間〟と割り切る。
- その三年間で、ビルの雰囲気をガラリと変え、アーティストに情報発信をしてもらい、イベントも開催し、ビルをブランド化する。
- 一度ブランド化されたら、入居希望者が増えだす。
- 人気が出てくれれば、より高い家賃を設定できる。こうして少しずつ家賃設定を上げていく。

一気に家賃を上げると失敗するので注意が必要ですが、同様のステップで他のエリアでも十分展開が可能だと、両社の社長を務める吉原勝己氏は胸を張ります。

時間軸を長く取ることで、投資のかからないバリューアップを実現することが可能となります。

「コミュニティー価値」——これは、今後の住まいと暮らし分野でカギとなる付加価値であると私は確信しています。

3 人を呼び込む「地域・街づくり」

(1)なぜストックが増えるのか

そもそも街に空き家、空き部屋、誰も使用しない空間がなぜ増えるのか? なぜ活気のあった商店街がシャッター街へと変わり果てるのか? 最も単純明快な解は、街に人がいなくなるからです。

全国的に見れば、人口が減少しているという側面もありますが、地域単位で見てみると、理由はさまざまですが、街に新しく人が入ってこないことが要因だといえます。つまり、「街の価値を高め、人を呼び込む」ことでしか、この問題は解決しないでしょう。

ここでは人を呼び込み、地域コミュニティー、ひいては街を活性化する取り組みにまで拡大して紹介します。

(2)地域コミュニティーをつくる

「地域コミュニティー」という言葉は頻繁に使われていますが、分かるようで分かりにくい言葉です。「地域コミュニティーを活性化する」と言われても、具体的に何が活性化することを指すのでしょうか。

ここでは「地域社会」、あるいは、小学校区程度の範囲の「地域内の住民同士のつながり」という程度に解釈したいと思います。要するに、「ご近所同士のつながり」のことです。

「町内会・自治会」や「各種団体」「自治連合会」などの地域組織から、学校の保護者による任意団体であるPTA。最近では、全国的に増えつつある「おやじの会」なるものが、全国の小学校を中心に組織されたりもしています。

組織される目的は、「暮らしやすい街づくり」のためです。家から一歩外に出ると、いつ犯罪に巻き込まれたり、ひったくりに遭うか分からないというような地域では困ります。不良息子、不良娘ばかり育つ地域にも住みたくありません。隣近所を見渡したとき、知らない人ばかりよりも、知っている人が多いとうれしいはずです。

その「地域コミュニティー」ですが、多くの人が指摘しているように、近年は人と人とのつながり（コミュニティー）が希薄になり、地域によっては、近所同士でもあいさつしない、隣に住んでいる人もよく知らない、という状況になりつつあります。

(3)地域社会、街を活性化する・つくる

「住みたい家」をつくる前に、「住みたい地域・街」をつくる。「木を見て森を見ず」ではありませんが、「家を見て街を見ず」ではうまくいきません。そして、行政の協力は欠かせませんが、行政主導ではなく、民間同士で街づくりを行うことを推奨します。

また、他地域に進出するというエリア展開の発想だけではなく、域外から域内へ人を呼び込む活動も今後は必要となってくるでしょう。「わが街には産業が少ない」「若い人は皆、都会へ出ていく」などといった地域の課題は、いつか誰かが解決してくれるものでもありません。行政を頼りにしているだけでは、いつまでも解決しないでしょう。これからは「官民協力」ではなく、「民民協力」によって住宅・建設・不動産の垣根を越え、その地域で事業を展開するすべての企業で、地域を活性化していく取り組みが期待されます。

山万

◇民間企業が成長を管理する「街」

二〇一一年の東日本大震災以降、コミュニティーづくりの先端事例として、自治体などから注目されている街の一つに「ユーカリが丘」（千葉県佐倉市）があります。ユーカリが丘は、不動産会社の山万が千葉県佐倉市の土地開発を始め、一九七九年に分譲が開始されたニュータウン。都心から約三八キロメートルの距離、電車で四七分に位置する典型的なベッドタウンです。その注目ポイントを紹介します。

ニュータウン内には、超高層住宅、商業施設、放送局、総合子育て支援センターの入る複合施設「スカイプラザ・ユーカリが丘」や、ウィシュトンホテル・ユーカリ、シネマコンプレックスも組み込んだショッピングセンター、さらに老人保健施設、グループホームなどが配置され、それらを山万が運行する新交通システム「山万ユーカリが丘線」で結んでいます。

◇年齢ＭＩＸをつくり上げる

ユーカリが丘の特徴は、毎年の分譲戸数を制限していて、分譲当初より景気の善し悪しにかかわらず毎年二〇〇戸という定量供給を行っており、特定の世代の人口構成が高くなりすぎないように配慮されている点にあります。

若い人を集めるために、大学の誘致や大学との連携（第1章の学生情報センター参照）を考えています。また、店舗を増やすことで地域の雇用を生み、若い夫婦が来ることも狙っています。

売れる時期に一気に開発して「売り逃げ」する従来のデベロッパーのスタンスとは大きく異なるのが特徴だといえます。そのため、日本各地のニュータウンで急速に進んでいる住民の高齢化による過疎化が起きにくくなっているのです。

◇域内での住み替えもサポート

ユーカリが丘内での住み替えを簡単にするため、「ハッピーサークルシステム」が整備されており、生活スタイルに合った住み替えが容易になる配慮がなされています。これも、居住世代を分散化する取り組みの一環です。これは、ユーカリが丘に居住する人が同じエリア内で新築不動産へ住み替える場合に、それまで居住していた住宅を山万が査定額一〇〇％で買い取るというサービスなのです。

中古物件をリノベーションして再販すること自体は、特に新しい取り組みではありません。注目すべきはすべて山万が買収するというシステムです。これにより、さまざまな業者が参入して好き勝手に開発していくことを制限できているのです。

同社のように、個別物件の収益性で考えるのではなく、街全体を面で捉え、街全体のことを考えた運営をすることが街づくりでは求められます。

同社では地域内に待機児童が何人いて、高齢者が何人いるのかもほとんど把握しているといいます。ただ把握しているだけでなく、対策をハード・ソフト両面で講じているところが、街の成長管理者であるといえるゆえんでしょう。

(4)医療を中心とした街づくり

街づくりの中心に、調剤薬局を据えた面白い取り組みがあります。地域密着型だからこそ提供できる、利便性の高いサービスが支持を集めています。

アルファスグループ

◇徹底したエリアマーケティング

調剤薬局を中心としたオリジナルの地域密着モデルを持つのが、新潟県で調剤薬局「ＮＭＩ」を中心に展開するアルファスグループです。

同社が開発した「メディカルゾーン」とは、一カ所にいくつもの医院を集めることで、複数科の受診と処方箋の調剤がスムーズに受けられる地域密着型の医療ゾーン。総合病院に行かなくても、街で気軽に利用できる質の高い医療環境を整えています。移動や時間の制約を受けずに済み、家族ぐるみでも受診しやすいことなど、利便性の高いサービスを通して地域に貢献しているのです（【図表11】）。

同社のメディカルゾーン事業を根底で支えているのは、徹底したエリアマーケティングです。計画地における交通量、人の動線、近隣地域における患者さんの受診動向など、きめ細かく調査し、医療に対するニーズを分析。地域特性に応じた医療規模などを算出しています。

開発ゾーンは、人口が三万～五万人くらいのエリア同士の中間に一二〇〇坪ほどの土地を用意して、医院を四～五科誘致し、調剤薬局を中心に医療環境の充実を図っています。

メディカルゾーンでは、設計段階から複数のドクターを招致し、同じ敷地内に調剤薬局も設置。競合しない複数の医院が同じ場所にあることの相乗効果で患者数が増え、ゾーン内の調剤薬局に顧客が集まるという仕組みを構築しました。

◇街の成長とともに

さらに同グループでは介護・福祉施設も運営しており、既存のメディカルゾーンと連携させることで実現する質の高い高齢者福祉サービスを目指しています。同グループでは、高齢者が

図表11　従来型医療とメディカルゾーン

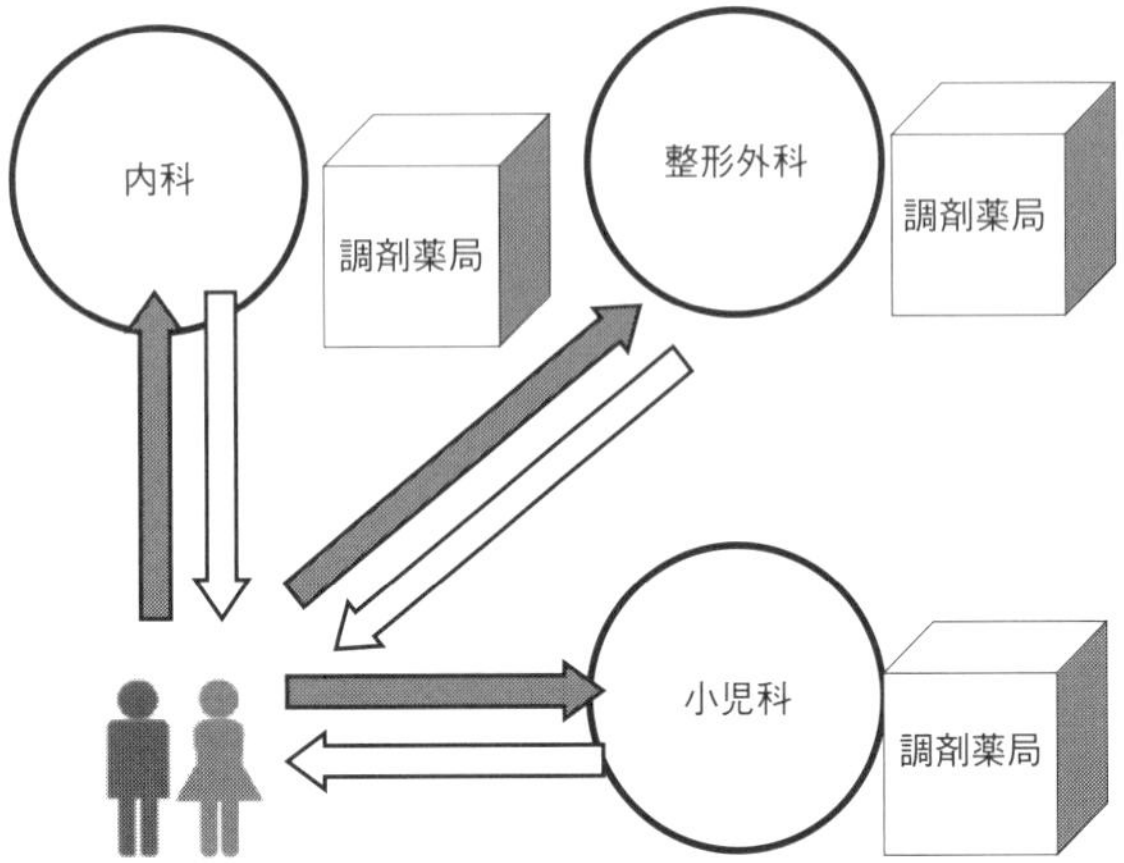

従来型医療

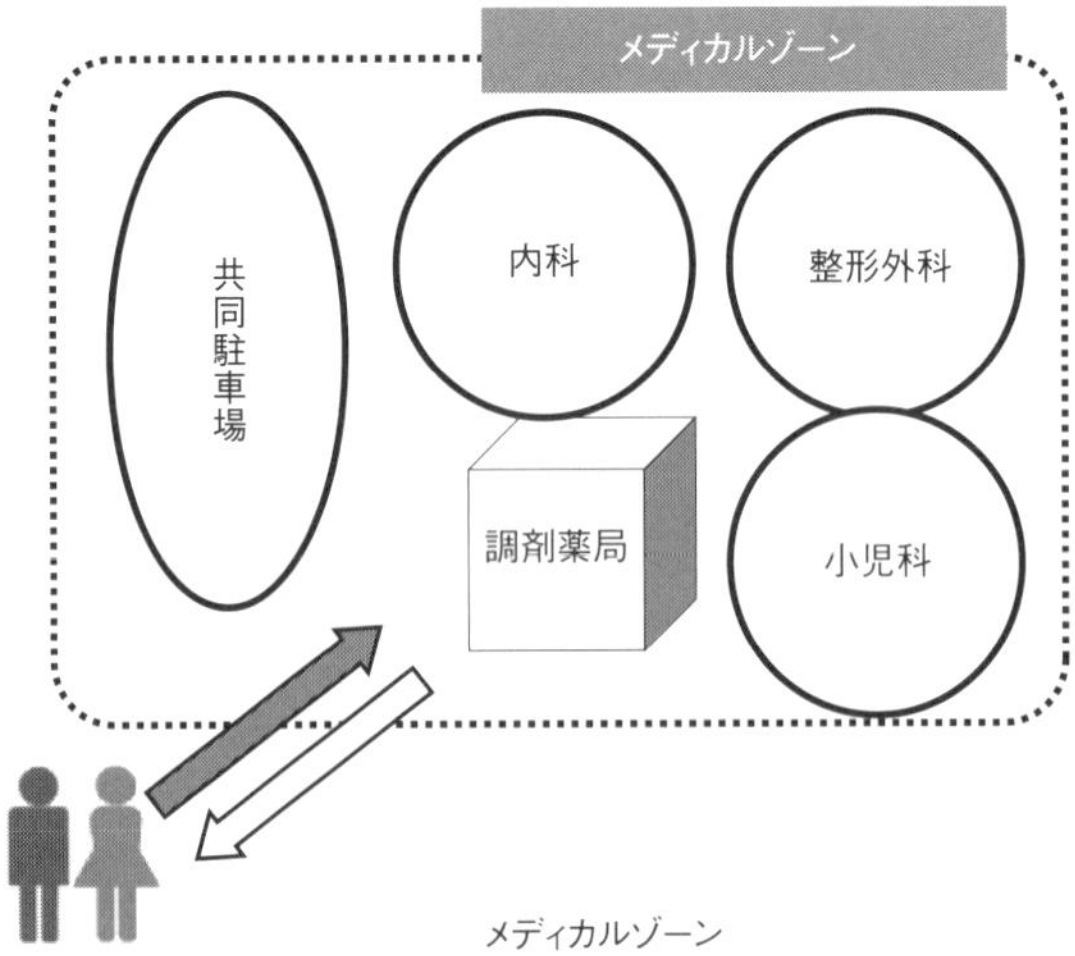

メディカルゾーン

安心して住める手頃な賃貸住宅を、医院、薬局、デイサービス、多機能ケアセンターなどに隣接してサービス付き高齢者向け住宅として建設。住宅の周囲に医療や介護の施設を完備することで、介護を必要とする高齢者が、家族とともに過ごせる暮らしの環境整備を目指しています。

現在、メディカルゾーンは地域医療の拠点として新潟県内全域に一八ゾーン（二〇一六年三月現在）あり、年に二、三カ所ずつ増えています。ゾーンを一気に増やすと、同時期に衰退するゾーンが重なってしまうので、意図的に増加数を抑えながら拡大しているところに、街の成長とともに歩む同社の姿勢が見て取れます。

（5）街の価値を上げる施策

従来型のスクラップ&ビルドの発想ではなく、街にある財産（ストック）に新たな価値を生み出すことで、街の価値を高めていく視点が重要です。それは、「安全（犯罪件数を減らす）であること」や、「子どもがたくさんいること」「高齢者が安心して暮らせること」など、一つひとつを取ってみれば至極当たり前のことです。

しかしながら、この当たり前のことが失われつつある時代だからこそ、メディカルゾーンの街には人が集まるのでしょう。

先述の山万の事例では、オーナーと入居者（テナント）がパートナーシップ関係を築いています。アルファスグループの事例では、調剤薬局とドクターが対等な関係を構築しています。

医薬分業がスタートした当時、世間一般では薬局関係者がドクターへ医薬分業の依頼に動きましたが、アルファスグループは出店を依頼するということをしませんでした。「貸してやる、借りてやる」「出店させてください、出店させてあげます」という関係ではなく、対等な関係を構築し、互いが協力して街をつくることを重視したからです。

当たり前の価値を高めること。それはオーナーと入居者（テナント）がパートナーシップを結ぶことです。先に紹介した山万とともども、自社の利益だけを優先して事業を展開していないところが成功につながっています。毎年、規模拡大に制約をかけていることも注目に値します。「街の成長とともに自社も成長する」というスタンスが、街づくり企業の要諦であるといえます。

第3章

「暮らしの価値」を提案する

1　地域ナンバーワンでも安泰ではない

(1)暮らしたい住まいがない?

世界でも名だたる超成熟消費社会に突入したわが国では、単なるモノは〝完璧かつ高度〟に充足されています。エンドユーザーの立場で言えば、「とりたてて欲しいモノがない」という状況です。

欲しいモノがない、というのは実に寂しいことです。逆に、今では〝欲しいものが見つかること〟自体がうれしいのではないでしょうか。「何かが欲しい」と思う気持ちそのものに、皆飢えていると言っても過言ではありません。

言い古された言葉ではありますが、〝提案営業〟の原点に戻り、さまざまな角度から暮らし方を提案するというアプローチをのぞいてみましょう。

(2)マーケットサイズとシェアの関係

成長する市場へ、自社の経営資源を投入する——これは事業戦略の基本です。

しかしながら新たな暮らし価値が続々と生まれ、変化の激しい時代においては、業界の慣習や常識は過去のものでしかありません。

売上高は、「単価×数量」「得意先×商品」「店舗売上げ×店舗数」など、企業の事業特性によって、さまざまな捉え方をしますが、私は、「マーケット規模×シェア（占有）率」で捉えることが最適だと考えます。今戦っている市場の規模がいくら（円）で、自社はどれだけのシェア（%）があるのか。意外と即答できないのではないでしょうか。

たとえば、地域で圧倒的な知名度とシェアを占める地域ナンバーワンの住宅会社があるとしましょう。マーケット規模が縮小（たとえば人口減少・流出）すれば、仮にそのマーケットでシェアを維持したとしても、現在の売上高（額）は維持できません。これは非常に恐ろしいことです。シェアは変わらないので、地域ナンバーワンの座を維持できても、現固定費（雇用）は維持できません。したがって常に、マーケット規模とシェアを一つの事業として捉える必要があるのです。

(3) 大きな市場だけを追ってはいけない

しかしながら、弊害もあります。新規事業を討論する場において、「その市場に、事業として成り立つだけのボリュームはあるのか？」

という、シンプルにして当然の質問が、新たな取り組みへの挑戦を阻害する要因になることがあります。

その小さな市場は、将来大きくなるのか？　一過性ではないのか？　都市部に限ったものではないのか？　と不安要素を挙げればきりがありません。

小さな市場に取り組もうとしたとき、新たにスキルを取得することも必要、新たな人材の採用も検討しないといけません。投資計画もアクションプランも……と想像しただけでいっぱいになるのか、戦略的に自社へ取り込むのかの違いで、将来に及ぼす差は計り知れないものになります。

すでに確立された市場だけを追っていてはいけません。また、小さな市場がそのまま大きな市場になるとも限りません。しかしながら、大きな市場に影響を及ぼす小さな市場はたくさんあります。後述するカスタマイズ賃貸や、シェアハウスといった潮流は、一般にも認知されつつありますが、始まりは小さな取り組みでした。しかしその小さな取り組みを見逃すと大きな潮流を見逃すことになります。市場は探すものではなく、つくるものなのです。

本章では、変化する暮らしの価値の小さな市場（トレンド）にもスポットを当て、それをどう事業化するのかのヒントを紹介します。

2　当たり前になるカスタマイズ

(1)一億総オーダーメイド時代

「オーダーメイド」というと、かつては富裕層の特権のような存在でした。今ではどうでしょうか。少し視野を広げて、世界の例を見てみましょう。たとえば、自分だけのシューズをつくることができる『NIKEiD』（ナイキ）。行うスポーツによって機能面や、自分好みの色に変えられるデザイン面などを合わせ、世界で一つだけのカスタマイズ・シューズを手に入れることができます。

米国のGemvara（ジェンバーラ）は、ホームページ上で宝石のカスタマイズを提供しています。一五〇〇以上のオリジナルデザインに宝石や貴金属を組み合わせて自分だけのリングをつくることができ、理論上は一五〇万通りの組み合わせが可能です。

また、フランスのROMY Paris（ロミー・パリ）は化粧品のカスタマイズ機器『フィギュール』を開発。フィギュールはカートリッジ式の装置で、スマートフォンと連動しており、数種類の有効成分とクリームを充填《じゅうてん》すると、自身の健康状態や肌状態、気温や湿度に合わせて、その日の自分に最適な化粧品を生成することができます。まさに、化粧品のカスタマイズの究極版といえる商品です。

このように、カスタマイズは身近な存在になってきました。スターバックスのコーヒーのように、自分好みにカスタムメイドで注文する時代なのです。周りを見渡して、探してみてください。すぐに見つかることでしょう。

これを後押ししたのは、インターネットの影響が大きいといえます。インターネットで生産者と消費者が直につながったことにより、ありとあらゆる形のカスタム商品が、大量生産品とさほど変わらない価格と品質で手に入るようになったといえます。

(2) 人はよりワガママになる

均質化された商品から、より高品質なモノ、より自分に合ったモノへとより細分化され、その人に合った、その人にベストフィットした商品の販売が進んでいます。

大手不動産ポータルサイトの『SUUMO（スーモ）』（リクルート住まいカンパニー）が、賃貸物件の検索機能に「DIY可」「カスタマイズ可」の項目を新たに追加しました。

この比較される「軸」というのはとても大事な概念です。そのまま競争軸になるからです。たとえば、従来の住まい探しの検索軸は「駅から○分」「広さ○○平米」「築年数○年」というような条件面が主流でしたが、不動産検索サイト「東京R不動産」では、「レトロな味わい」「倉庫っぽい」「やりすぎ！」というユニークなキーワードが検索軸になっており、競争軸そのものが変わっていることが分かります。市場を創造するパイオニア企業は、この競争軸を、自社に優位となるように自らつくり出しています。これからの住まいと暮らし分野には、新たな暮らしの価値軸がどんどん生まれてくると思います。言い換えれば、既存の競争軸でしか勝負できない会社は淘汰されていくでしょう。

話をもとに戻します。大量生産品に囲まれていた私たちの暮らしは、カスタマイズされたものへ移行しようとしています。自分のニーズやスタイルに合った耐久消費財（家具、車、家など）に囲まれて暮らし、自分のセンスや体形にフィットした注文服を着ることが好まれる時代なのです。

⑶カスタマイズ賃貸

オーナーの費用負担で、借り主が部屋を自分好みに変えられる仕組みを導入する企業が増えています。自分の好みで壁紙を選んだ部屋は愛着が湧き、長く住みたくなるからです。壁紙一枚変えただけでも、雰囲気がガラリと変わることを実感できます。

それもそのはず、賃貸の部屋といえば、退去後に壁紙を張り替えて「原状回復」をするのが業界の常識です。しかも、無機質な壁を汚すことは許されず、物件によっては壁に押しピンを使ってはいけなかったりと、住むうえで受ける制約が多く、窮屈な経験をしたことのある方も多いのではないでしょうか。

こういう先進的な取り組みの話をすると、「それは東京の話ですよね？」「地方では当てはまりません」と言われるケースに遭遇することがしばしばありますが、それは違います（そう思ってしまった段階で思考停止に陥るので、私は必ず注意をさせていただいています）。

このカスタマイズ賃貸の発祥は、愛媛県の松山市に本社を構える日本エイジェントという管理会社が、部屋を自分好みに改装できるようにすることをオーナーに提案したのが始まりだといわれています。

愛媛県といえば、全国屈指の家賃相場が低い県。家賃競争がきわめて厳しい場所で事業を展開しているため、事業アイデアも豊富なようです。

日本エイジェント

◇借り主が内装を選べる賃貸物件

不動産オーナーに代わってプロパティマネジメント（不動産の維持・管理）を行う、「不動産経営代行」をメイン業務とする日本エイジェント。オーナーの費用負担で借り主が希望通りの壁紙と床材を選べる「リクエストマンション」という仕組みを業界に先駆けて導入しました。リクエストの段階に合わせて、「壁一面」や「壁一面と床」などを選べるシステムです。

では、どうやって選ぶのでしょうか？　同社は二〇〇八年、本社の隣に「お部屋再生スタジオ」を開設。まるでデパートのようなショールームに顧客を連れていく仕組みを確立しました。ここでは、四〇〇種の壁紙と五〇種の床材が大きなサイズで展示されており、自由に見たり触ったりできるそうです。訪れた入居者は、こんなに多くの種類の壁紙と床材（畳を含む）、キッチンパネルのシートがあったのかとまず素直に驚くそうです。

そんな部屋探しの入り口が、同社の開発した無人店舗「スタッフレスショップ」です。二〇一四年には経済産業省の「中小企業ＩＴ経営力大賞」優秀賞を受賞しています。

スタッフレスショップが生まれたきっかけは、来店者に対するアンケート結果です。「不動産会社は入りにくい」「今すぐ入居したいわけではないのに担当者がつく」などの意見が気になったといいます。そこで同社は試行錯誤の末、無人のタッチパネル機を設置し、テレビ電話をつけてその場で問い合わせもできるようにし、さらにタッチパネル機は遠隔操作も可能にしました。有人店舗では来店が月五〇〜六〇組であるのに対し、スタッフレスショップではなんと月九〇〇組が来店したというから驚きです。現在ではショッピングセンターや百貨店など含めて全国三二都道府県一一七カ所に導入されており（二〇一六年一二月現在）、二〇二〇年の東京オリンピック・パラリンピックまでに五〇〇店舗網を目指しているそうです。

「無人店舗で部屋を決め、ショールームで内装を自分流にカスタマイズする」。こんな賃貸物件選びが当たり前になる日も遠くないのかもしれません。

ＤＩＹＰ

◇自由に改装できる物件だけを集めたサイト

部屋の内装を自由に改修できる物件だけを集めたネット上の不動産紹介サイト「ＤＩＹＰ（Design It Yourself Project）」では、紹介物件が急増しているといいます。運営するのは、リノベーション、不動産企画からレストランや飲食店の企画およびプロデュースまでを手がけるCityLightsという不動産プロデュースチーム。

このサイトで紹介されている物件は、部屋の壁をペンキで塗ることができる部屋から、壁を壊して内装を丸ごと変えられる本格派まで、その改装可能なレベルはさまざま。いずれも、従来の賃貸契約では常識だった「原状回復（部屋を出ていく際に、元の状態に戻すこと）」は必要ありません。

◇個性的だからこそ共感を呼ぶ

「改修した部屋は、個性が強すぎて次の借り手がつかないのでは」という疑問が湧くかもしれませんが、それは大きな誤解です。実際には、感度の近い人に気に入ってもらえる部屋に仕上げるため、次の借り手も見つけやすく、何よりも、改修した本人が長く住んでくれるというわけです。

こだわりを持って部屋を改修するから、結果として、付加価値が高い部屋になる。大家にとっては、何よりも家賃を下げるしか空室を埋める手立てがなかった賃貸住宅経営に、新たな活路が生まれたといえるでしょう。

3 シェアという生き方

「シェアする」という現代のトレンドを、住まいと暮らし分野で事業として取り入れるには、どのような方法があるでしょうか。

①〝所有〟から〝利用〟へ
②シェアは手段、目的はコミュニケーション
③助け合って暮らす

図表12　シェアリングエコノミーの市場規模

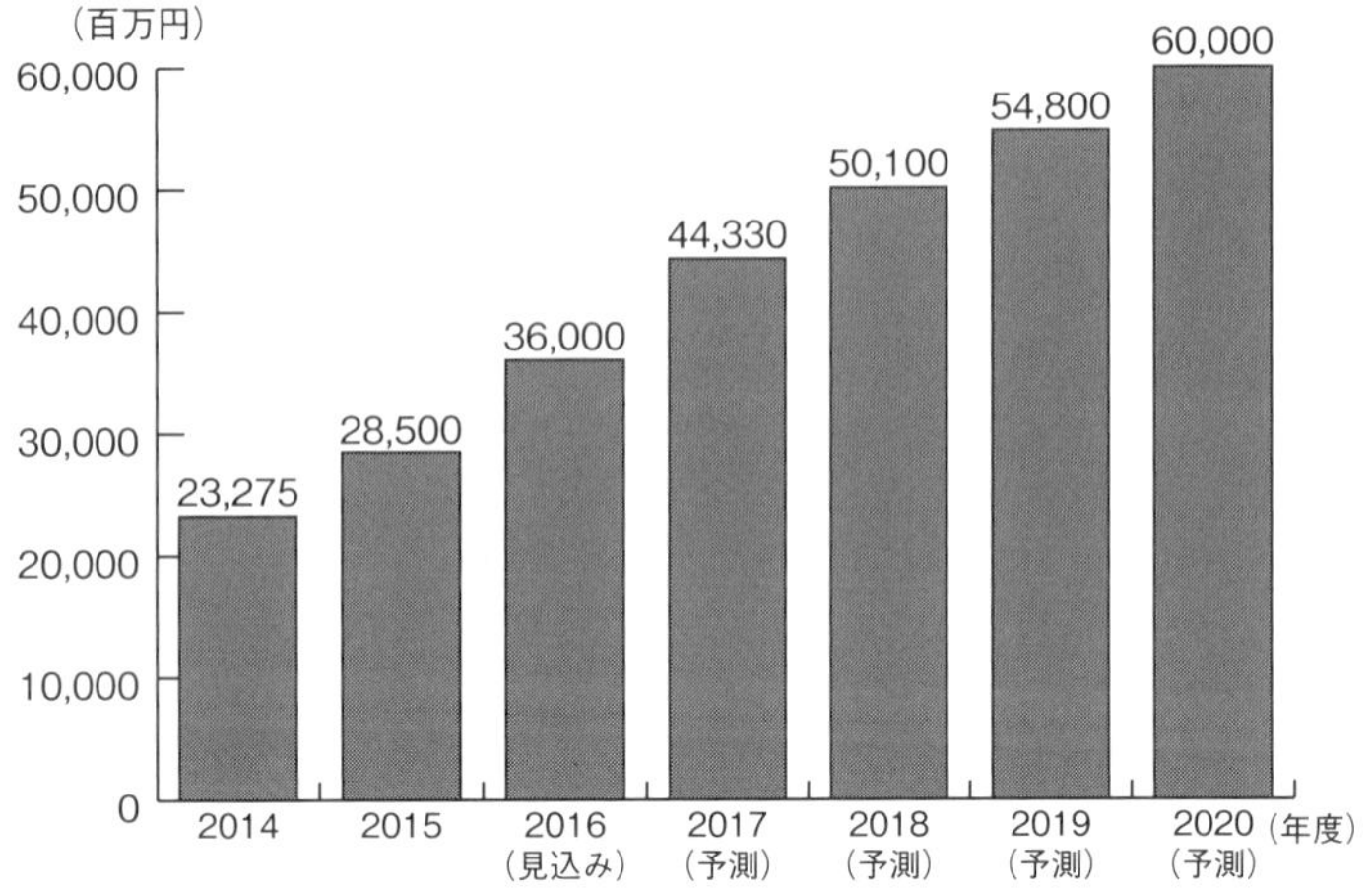

出典：矢野経済研究所「シェアリングエコノミー市場に関する調査」

という、三つの要素に分類して考えてみましょう。

（1）〝所有〟から〝利用〟へ

序章で紹介した「新たな層」の考えに代表されるように、不要不急品に関してはすべて共有でまかない、〝所有〟しないで必要時に〝利用〟しようという考え――いわゆるシェアリングエコノミーと呼ばれるスタイルが、ビジネスにおいても注目されています。その市場規模は、国内だけでも三六〇億円（二〇一六年度見込、矢野経済研究所調べ）、二〇二〇年度には六〇〇億円と一・五倍以上に成長する見込みです（【図表12】）。

シェアリングエコノミーとは、サービス、人材、プロダクトなど有形無形を問わず、交換・共有により成り立つ経済の仕組みのことをいいます。昨今、日本にもこの考えが浸透してきたことで、日本人のシェアに対する概念が変わりつつあります。

そのきっかけとなったのが、AirbnbやUberなどに代表される海外発のシェアリングサービスです。

住まいと暮らし分野でビジネスとして捉える場合、代表的なのはシェアハウスやシェアオフィス、コワーキングスペース（フリーランサーなどが利用できる、オフィススペースが集合した場所）が考えられるでしょう。さらに利用する時間軸を、分単位、一日だけと広げたサービスも続々と立ち上がっています。

面白いシェアリングエコノミービジネスの例を、二つ紹介します。

一つ目は、「スペースマーケット」。貸会議室から民泊、お寺まで、遊休スペースを簡単にネットで貸し借りできるサービスを展開しています。二〇一七年二月現在、約六〇〇〇件のスペースを取り扱っています。〝野球場で社員総会〟など、ユーザーのユニークなニーズに応えています。

二つ目は、「軒先ビジネス」。空きスペースを週貸し・一日貸し・時間貸しのように区切って、ユーザーの希望に応じて貸したい人と借りたい人をマッチングさせるサービスを提供しています。店舗内の空きスペース（軒先）を貸し借りすることもでき、借り主は物品の販売や自分の教室など、小さなビジネスを気軽に行うことができます。

かくいう私も、出張先でちょっとした仕事場所やクライアントとの打ち合わせの場所を探すのに街中をウロウロして時間を浪費した経験から、利用できる空間が探索できるアプリを複数登録して利用しています。

また、六本木ヒルズの毛利庭園に代表されるように、街単位で緑を皆で共有しようという試みもある種のシェアといえます。都会だと個人で大きな庭はなかなか持てませんが、皆で大きな庭を利用してガーデニングを楽しむという選択肢を与えてくれます。

「所有」から「共有」「利用」に発想を切り替えるだけで、野球場も試合がない日には社員総会の場所に、居酒屋の個室も開店前には企業の打ち合わせ場所になったりするのです。空間に違う〝役割〟を与えるだけで、有効活用できる余地はまだまだあると思いませんか。

図表13	買ったけど正直ムダだったと思う家電ランキング（複数回答）
1　ミキサー、ジューサー、フードプロセッサー	27.13%
2　コーヒーメーカー	20.35%
3　布団乾燥機	16.45%
4　ミシン	16.16%
5　電気ポット	13.85%
6　体重計、体脂肪計	13.28%
7　ホームベーカリー	12.55%
8　美容系家電（美顔器など）	12.55%
9　空気清浄機、加湿器、除湿器	11.83%

出典：アイブリッジ「家電に関する調査」

コラム「いらないものは借りる時代」

ネットリサーチ会社のアイブリッジが二〇一四年、二〇歳以上の男女一〇〇〇人を対象に「買ったけど正直ムダだったと思う家電ランキング」を発表しました（【図表13】）。思い当たるふしはありませんか。逆に言うと、これらはすべてシェアリングサービスの対象になる商品だという見方もできます。

恥ずかしながら、私の自宅でも九位以外のモノはすべて、部屋の奥で数年来眠っています。ミキサーに至っては、キッチンの特等席にありながら、年に一、二回程度という使用頻度です。

借りたほうがよいものは遠慮なく借りる。そんな文化が日本でも根づく日はそう遠くないと思っています。

(2)シェアは手段、目的はコミュニケーション

シェアを手段として位置づける概念です。目的は人との出会いであったり、〝誰かとつながりたい〟〝視野を広げたい〟という欲望であったり、要するにコミュニケーションです。住まいと暮らしの分野でビジネスとして捉える場合の代表格は〝シェアハウス〟でしょう。

共有部のキッチンで他の入居者と一緒に料理をする。この場合のシェアするキッチンは手段で、目的は、〝一緒に楽しく料理をしたい〟という欲求です。

シェアハウスへの入居動機として、共同住宅による価格の安さというイメージが先行しがちですが、入居者は「安さ」を求めているわけではなく、「コミュニケーション」を求めて入居を希望しているのです。

コンフォート蒲田

東京都大田区にある「コンフォート蒲田」は、二六〇人が住む「婚活シェアハウス」（企画・管理・運営は、オークハウス）。全室バルコニー付きで八階建て、日本最大級となる二六〇室を設けた大型シェアハウスです。同地区のワンルームの価格と同程度なのにもかかわらず入居希

望者が絶えず、常時三〇人以上の入居待ちがある状態だといいます。

シェア型賃貸住宅「シェアプレイス」

「一人だけど〝独り〟じゃない」をコンセプトに、ワンルームに替わる新しい暮らし方を提供するのが東京、神奈川、埼玉を中心に展開している「シェアプレイス」(企画・管理・運営はリビタ)。エアコンやベッドなど家具が備えつけられている個室のほかに、一人暮らしではかなわなかった大きなキッチンや、入居者が自由に使える空間などを設けた集合住宅です。管理・運営まで行うことで、入居者のニーズに合ったスピーディーな対応を可能にしています。入居者同士の交流やイベントもあり、一人暮らしをしていた人が、こちらに移ってきたという例も多いそうです。

これまでもバイク好き、料理好きなど趣味に特化した物件はありましたが、今後はコミュニケーションに重きを置いた「目的別」のシェアハウスが増えるでしょう。

(3)助け合って暮らす

「人の代わりに何かをする」という行為は、シェアの重要な一部です。これからの高齢化社会では高齢者を助けることがますます必要になるでしょう。今まで一人でできていたことが、高齢になるとできなくなる。それを別の人が代わりにする必要が生まれてきます。

また、高齢者に限らず、〝子育てしながら働きたい人〟にとっては、ハウスサービスが欠かせなくなってきました。

たとえば、家事代行サービス。日本では〝贅沢《ぜいたく》〟というイメージを持たれがちな家政婦ビジネスにパートタイム制を導入し、中流家庭にも手の届く「商品」へと進化させたサービスが増えてきました。

このように「人の代わりに何かをする」という視点に立つと、暮らしサービス事業にはまだ開発の余地があります。

最近多くなってきた多世代共生型のマンションなども、ある意味シェアの概念の一つと考えてもよいでしょう。街ごと多世代共生型へ移行する事例も少なくありません。

たまむすびテラス

◇多世代が暮らすコミュニティーを創造

多世代交流型賃貸集合住宅として、二〇一二年度グッドデザイン賞を受賞した『たまむすびテラス』は、若者から高齢者までが交流する「古くて新しい街」です。

一九五八（昭和三三）年から入居が開始された多摩平団地の団地再生事業の一環として、建て替えにより空き家となった住棟を民間事業者により再生・活用した事業です。団地型シェアハウス「りえんと多摩平」の二棟、菜園付き共同住宅「ＡＵＲＡ２４３多摩平の森」の一棟と高齢者向け住宅「ゆいま〜る多摩平の森」の二棟で構成され、団地の原風景を残しつつ、若者から高齢者まで多世代が暮らすコミュニティーとして生まれ変わっています。

4 ペットと暮らす

生活動線を考えた設計、こだわりの書斎、大きな吹き抜け、子ども部屋——家を建てる際に、それぞれかなえたい夢や考慮したい事柄があるでしょう。しかし、その選択肢はすべて人間がどう暮らすかというところに重きを置いたものが一般的です。たとえば、犬を飼っている家庭では、人間だけの暮らしとはまた違った悩みを抱えています。そんな、愛犬と暮らす家庭に寄り添ったサービスを提供している事例を紹介します。

ワンオンワン

◇犬を飼う人の視点で住まいづくり

ワンオンワンは、もともと「ドッグライフカウンセラー」の資格取得に向けた講座を運営していた会社でした。犬を飼っている、犬を飼いたいという思いがある人の増加に応える形で、愛犬家向けのセミナー、イベント、ノウハウ提供を中心にサポートを行う事業を立ち上げました。牧畜犬、護衛犬、労働犬、狩猟犬など犬種の特徴を理解して愛犬家に新築時の間取り提案、既存住宅の改築・リフォームを提案しています。

同社によると、愛犬家住宅市場のニーズは明確で、犬を飼っている層は「におい、滑る床、傷汚れ」の問題を解決したいと考えており、住まいへの工夫が必要だと感じているそうです。これらを解決するため犬に詳しい専門家からの意見を求めており、ここに住宅の新築・改築ニーズが存在します。

マーケットの現状はどうでしょうか。国内の犬の飼育頭数は、約九九二万頭（二〇一五年、ペットフード協会調べ）。東京二三区の人口が九二五万人（二〇一六年、東京都）であることを考えてみると、母数としては十分だといえます。

犬を飼う層としては、高齢者、子どものいない家庭、一人暮らし世帯、一人っ子の家庭が多いそうです。まさに、少子高齢社会において伸びるマーケットではないでしょうか。

またこんなデータもあります。ホンダのホームページでアクセス数が一番多いのは、犬のページ[注]だそうです。

犬を飼っているという共通項でコミュニティーを形成する場合が多く、愛犬家仲間の紹介も獲得しやすい、魅力的な市場であるといえるでしょう。

注　http://www.honda.co.jp/wanderdog/index.html

◇潜在需要を刺激せよ

この事業のポイントは、「今、犬を飼っている人」への提案ではなく、「これから飼おうとしている人」への提案だということ。つまり〝需要喚起型の市場〟であることです。

犬は、家を新築後のタイミングで飼い始めるという人が圧倒的に多いそうです。今ある需要ではなく、「家を建てた後に、犬と暮らす」という潜在需要に対して働きかけるのです。

たとえば、顧客リストから愛犬家をリストアップしてみると、新たな発見があるかもしれません。

もう一つのポイントは、愛犬家が増える世の中で、賃貸マンションによく見られる「ペット可」という表示は非常に中途半端なものであり、入居者へのＰＲどころか、特にこれからの時代はデメリットのほうが多くなるということを肝に銘じておくべきです。

「ペット可」という表示は、ペットを飼っている人からすれば、飼っていない人へ引け目を感じてしまい、飼っていない人は、飼っている人が隣に引っ越してくるかも……と余計な心配をしなければなりません。つまり両者に対して、ポジティブな印象は与えられないということです。

それならば、〝ペット共生マンション〟として、堂々と、ペットを飼っている世帯に的を絞り、入居者を呼び込むべきなのです。そうすれば、「ペット可の物件」では他の住民から「また今日も吠えていたね」と苦情を言われてしまうところが、ペット共生マンションでは、「今日も元気におしゃべりしていましたね」と笑顔で言われる。この違いは、飼い主にとって非常に大きいものです。

同社のイメージする近未来は、集合住宅で〝ペットを飼う〟のが常識の世の中・地域コミュニティーです。現在の「ペット可」という表示ではなく、「ペット不可」という表示がスタンダードとなるように変えたいと考えているそうです。このように、従来の世の中の常識（スタンダード）を疑うことから始める暮らし提案もあります。

5　多様性のなかで暮らす

多様性（ダイバーシティー）とは、「幅広く性質の異なるものが存在すること」といった意味になります。グローバルな視点で見れば、文化の数だけ常識があります。国籍、性別など、さまざまな価値観を受け入れてともに暮らす。そんな暮らし方を提案している企業を紹介します。

オークハウス

◇シェアハウスの先駆け

オークハウスは、一九九二年に連帯保証人制度がネックとなり、賃貸物件を借りることが難しかった外国人と、帰国した日本人向けの「外人ハウス（ゲストハウス）」として事業をスタート。現在では東京を中心にシェアハウスビジネスを展開しており、二二九物件、五〇八八室（二〇一六年一二月末現在）を運営しています。

オークハウス全体の入居者の性別は男性五四％、女性四六％とほぼ半々で、年代は二〇代が五四％、三〇代が三三％、四〇代が九％となり、入居者の約六割を日本人が占めています。約四割は韓国人、アメリカ人、フランス人など多様な国籍で、外国人と身近にコミュニケーションできることも魅力の一つになっているのです。

供給だけが増え続けている賃貸住宅業界において、同社は創業以来一貫して、供給側の論理で考えることなく、入居者の利便性を最優先にして事業を展開し、急成長を遂げている注目企業です。

◇日本の常識は〝世界の非常識〟

同社の市場の捉え方は、一貫して、困っている消費者に対してソリューションを提供し続ける、ということです。

具体的には、

「日本で部屋を借りたい外国人は多いけれど、連帯保証人制度が当たり前の日本ではなかなか借りられない」

↓貸せる仕組みをつくろう

「フリーランス(IT技術者、翻訳者、イラストレーター、アーティストなど)が増えているが、保証会社は保証しにくい。では、どこに住めばいいのか?」

↓保証会社に頼らない仕組みを考えよう

といったものです。これらの需給ギャップを埋める一つの解決策として、シェアハウスを事業の中心に置いています。

◇連帯保証人がいなくても入居できる

同社のポリシーである入居者利益を最優先したサービスの一つは、なんといっても連帯保証人を求めずに貸すスタンスをとっていることです。しかも家賃の未収は一％以下という高い回収率を誇っているのです。具体的には、同社の月商は約三億一〇〇〇万円（二〇一四年度）ですが、未収金はほとんどないということです。

日本の賃貸住宅市場はオーナー優位であることから、部屋を借りたい人が借りにくい状況であることは先述の通りです。同社では、借り手目線に立ち、「敷金・礼金・仲介手数料などの初期費用がかからない」「連帯保証人が求められない」という仕組みを設けています。

入居者のバックグラウンド（所属している企業や給料）に基づいた連帯保証人を要求しない代わりに、事前に入居希望者と面接を一時間近く実施することで、個人としての信用を保証代わりにしているのです。

それでは、なぜそのようなことが可能なのか、少し掘り下げて説明したいと思います。

一つ目は、数年前まで、同社でも業界の標準ルールに沿いデポジット制（保証金）をとっていたそうですが、それを廃止したのです。理由は、敷金の精算が非効率だからです。

同社の山中武志社長は当時をこう振り返ります。

「デポジット金が三万円ある場合、最後の五日間分の賃料・利用料をデポジットから差し引くことになります。つまり、一件ごとに精算して、残り金額を振り込まないといけません。これには非常に手間がかかるので、デポジットのシステム自体をやめてしまいました。すると、未収が減ったのです」

デポジット制をやめた今は、支払い日に入金の確認ができなかったら、営業担当者が即督促に行きます。入居者も、デポジットも敷金も預けていないので、すぐ払ってくれるといいます。同社によれば、外国人と日本人との未収率の差も、それほどないそうです。きちんと督促すれば、回収できるのです。

「督促して払ってくれるんだったら苦労はしませんよ」と言われる方も多いかもしれないので、二つ目の理由を見てください。

二つ目は、同社には各施設にマネジャーがいて、常に入居者と会話しており、困ったときには彼らが相談に乗っています。一般の賃貸住宅では、支払いの遅延が起きると保証会社が来ます。見たことも会ったこともない人がやってきて、「家賃を払ってください」ということになります。そこには感情に訴えるものは存在しません。

しかし同社の場合は、入居者と一時間面談し契約したマネジャー本人が、「払ってください」と言いにきます。非常に泥くさいやり方ではありますが、効果はてき面。

こういった管理側と入居者側の人間関係が、ベースにあるのです。

また、このような管理体制は、新しい空室対策の取り組みとして、物件を預けるオーナー側にとっても安心材料になります。

連帯保証人制度の撤廃によって、外国人やフリーランスの入居者が増えているといいます。まさに多様性を受け入れる試みです。

結果としてこの多様性を受け入れたシェアハウスは、若者を中心に絶大な支持を得ています。人々のニーズを満たすための一つの手段として、同社も手がけているシェアハウスは一過性のブームではなく、必ず継続する事業であるといえます。

第4章

顧客に選ばれるコミュニケーション

1 変わるコミュニケーション

かつては日本でも、軒先や縁側などの空間がコミュニケーションの場となっていましたが、今ではほとんど見かけません。道と家の中間領域、つまり、人が集まる場所が年々消滅しているのが現状です。

代わりに台頭したのが、携帯電話をはじめとしたモバイル端末や、インターネットを使ったコミュニケーションです。

人がモノやサービスを購入しようとするとき、インターネットで検索して、価格を比較・検討し、購入者の投稿や専門家の意見を参考にしてから、購買の意思決定をするのがごく当たり前になりました。

レストランやグルメ・カフェの分野でレビューを導入した人気サイト〝食べログ〟には、月間五七四八万人が訪れます。日本人の半数近くが毎月見ているという計算になります。

地元の知る人ぞ知る存在だったレストランが、たった一人のユーザーのレビューをきっかけに、次の日から行列ができるようになる、という状況も珍しくありません。多少価格が高くても、ユーザーはレビューサイトで得た評価が高い店に、時には交通費を数万円支払ってでも訪れます。かつては、ご近所や友人間でのクチコミでしか伝わらなかった情報が、いつでもどこでも、モバイル端末を使って手軽に共有されるようになったのです。

Webとリアルを組み合わせる

どれだけインターネットが発達しても、リアルな場での、フェース・ツー・フェースのコミュニケーションがなくなるわけではありません。たとえば、同業他社や立ち食いそば屋の大半が券売機を設置しているのに、牛丼チェーン大手の吉野家には券売機がありません。券売機を置くことで、「ご注文は何にいたしますか」という接客用語が一つ減り、代金の受け渡しという接客行為も一つ減る。だから、券売機を置かないというのです。同社がいかに、効率のモノサシだけではない心の通うコミュニケーションを大事にしているかがお分かりになるでしょう。

「カルディコーヒーファーム」（キャメル珈琲）もリアルな場での工夫で顧客を呼び込んでいます。同店は北海道から沖縄まで全国各地に店舗があるので、利用経験のある人も多いでしょう。同店では、顧客を店内へ呼び込むために、紙コップに入れたコーヒーを店舗の入り口で手渡す「コーヒーサービス」を実施しています。このサービスを開始以来、商品を取ってレジに直行する顧客が減り、店内での滞在時間が増えて売上げもアップしたそうです。

インターネットとリアル店の双方で消費活動が行われるのが当たり前になりました。Web

（インターネット）とリアル（店舗、展示場など）を行ったり来たりして、情報収集や商品の値踏みをする時代です。Ｗｅｂとリアルをうまく組み合わせるのが、これからの主流であると感じています。

本章においては、店舗などリアルな場における顧客コミュニケーションを「体感」「体験」するという視点から、そしてＷｅｂ空間上における顧客コミュニケーションを「潜在顧客を見込み客に変える」「顧客を育成する」という視点から、それぞれ事例を紹介します。

また今も昔も変わらない、「ご近所づき合い」から始まる地域とのコミュニケーションにおける、新たな地域密着の形を紹介します。

双方とも、顧客とのコミュニケーションが発生した結果として〝購買行動が起こる〟ということに注目してみてください。

2 リアルな場でのコミュニケーション

(1) 暮らしを「体感」「体験」する

体験販売という手法は昔から使われてきました。体験販売の元祖、デパートのブースで行われる包丁販売などはまだまだ有効です。

人は体験したことしか信じません。体験を通して、購買という活動へつなげるのです。最近では家を買う前の宿泊体験など、各社がこの「体験」をビジネスに取り入れています。考えてみればごく当たり前のことかもしれません。車にも試乗体験があるのと同じで、家に試住体験があってもおかしくないですね。

「体験」を生かしたビジネスモデルで成果を上げている企業の事例を紹介します。

スモリ工業

◇地域の建材で、地域に家を建てる

スモリ工業は、宮城県仙台市のハウスメーカーです。東北の山に育った木で、東北の地に家を建てることにこだわりを持っています。住宅建設業は地場産業であると考えているため、本社から直接訪問できるエリアにしか家を建てません。家づくりには後からさまざまな費用が発生するものですが、同社では家本体の施工からエアコンの据え付け、運搬費、野外給排水工事や設計費・確認申請費に至るまで、家づくりにかかる費用すべてを明示。顧客に誠実な姿勢が地域ナンバーワンの実績へつながっているのです。

◇しゃべっちゃダメ、連れてきなさい

同社の顧客コミュニケーションはユニークです。言葉や書面だけのコミュニケーションを禁じ、それを徹底しているのです。どういうことかというと、次の三つのように考えています。

①言葉では伝わらない

スモリ工業は、宮城県内に住宅展示場を九カ所展開していますが、ほとんどの顧客は本社の隣にある「ハウス・スタジアム（体験型住宅展示場）」で「スモリの家」を体験してから住宅購入を決めているそうです。「言葉では伝わらない」「図面だけでは顧客は分からない」「人に物事を伝えることは難しく、体感してもらうことこそが大事である」という考えの結果、このモデルが出来上がったのです。

ハウス・スタジアムは家のつくりや耐久性を体験し、考えるきっかけづくりを目的に建てられています。施設のなかには、室内での地震体験（震度6）や、風速三〇メートル・降雨一二〇ミリメートルの台風実験、結露のメカニズムの見学、バリアフリー体験など、さまざまな展示の見学と体験ができるようになっています。

また、「スモリの家〝心絵〟」（【図表14】）として、スモリの家を顧客に伝えるときにしてはいけないことの三カ条を徹底していて、これを顧客、職人など誰が見ても分かるようにマンガで表現しています。

図表14　スモリの家〝心絵〟

出所：スモリ工業

〈第一条〉白黒図面だけで伝える事を禁止する。

〈第二条〉文字と記号だけで伝える事を禁止する。

〈第三条〉言葉だけで伝える事を禁止する。

家の図面だけを見ても顧客は専門的な部分は分からないでしょう。〝伝える〟と〝伝わる〟は違います。人に物事を伝えることは難しく、体験してもらうことこそが大事であるという信条に基づいた取り組みです。

②見えないところを可視化している

ハウス・スタジアムでは、壁のなかや床下など、家の構造を見ることができる工夫をしています。長く快適に住むことのできる家をつくるためには、構造や建物内部などの見えないところ、気づきにくいところこそ、しっかりとチェックすることが大切です。大地震にも耐えられるか？　火事が起きたら？　カビは大丈夫か？　同社がこだわるのは、目に見える部分も見えない部分も、家を構成する一切に手を抜かず、正直な家づくりをするということなのです。

③比較がうまい

ハウス・スタジアムを見て回ると、随所にさまざまなものが対比して展示されていることに気づきます。たとえば、○○があるとき・○○がないときの違い、二〇年前（過去）の工法と現在の工法、自社と他社……といった具合です。訪れた人は、常に比較のなかで、同社の家の良さを文字通り体感することができるのです。

◇日本一の体験型展示場

同社のビジネスモデルには二つのポイントがあります。

コミュニケーションにフォーカスして同社を取り上げましたが、ビジネスモデルの視点で特徴を解説します。まず一つ目は、シンプルな経営です。商圏は、本社から直接訪問できるエリアに絞って、家を建てているのです。したがって、年間約二八〇棟を施工しているのに、営業所は本社一カ所だけ。商品も「スモリの正直な家」一つのみなのです。台風が来たら、全OB顧客約五〇〇〇軒に社員が一軒一軒電話する体制に、地場の顧客を思う姿勢がにじみ出ているといえます。「一商圏、一商品」。これほど顧客にとって分かりやすく、地場に密着した体制はないでしょう。このサポート体制により、同社のスローガンである「三〇年先もあなたをお守りします」という言葉にも重みが増します。

二つ目は、体験を得る営業スタイルです。スタジアムでの成約率は驚異の六七%（直近の実績）であり、体験型住宅展示場が同社の受注力を支えているのです。二〇〇一年一一月、総工費六億五〇〇〇万円、構想期間は実に二七年間にも及ぶ「ハウス・スタジアム」が、日本で初めて住宅の機能を検証する展示場として完成しました。

仮に総工費を七年償却で考えるならば、九三〇〇万円／年。売上高を仮に六〇億円とすれば、構成比は一・六%ほどです。スタジアムでの成約率六〇%超を加味すると、営業経費もかなりコストダウンできている計算になります。スタジアムへの投資額を販促費であると捉えれば、十分な投資対効果が出ているといえるのではないでしょうか。

また、こういっては大変失礼ですが、同スタジアムには大手ハウスメーカーのような先端設備が導入されているわけでもありません。むしろ、この手づくり感のある設備が顧客に親近感を与え、さらに説得力を増しているのかもしれないとさえ思います。

いずれにしても、ハウス・スタジアムは日本一の体験型展示場であるといえるでしょう。「言葉では伝わらない、体験してもらうことが大切だ」――。同社の須森明社長の思いを具現化した取り組みです。

◇家づくりの学校で、「ひとづくり」を目指す

二〇一六年六月、同社は新しい試みを始めました。廃校になった旧味明《みあけ》小学校（宮城県大郷町）の校舎を活用し、家づくりを基礎から学べる「たのしいおうちづくりの学校」を開設したのです。職人を目指す人だけでなく、子どもから大人まで、誰でも無料で参加できるこの学校では、「基礎」や「建てかた」「ぬり壁」から「電気工事」まで、さまざまな技術を学ぶことができます。

須森社長は、「ものづくりを伝えていくことはもちろんですが、一番難しいのはそれを担う人を育てることです。〝ものづくり〟から〝ひとづくり〟へとつなげることが、学校開設の出発点です」と言います。さっそく授業に参加したある小学校の児童たちからはさまざまな感想が寄せられており、家づくりを通して、人として大切なことを伝えていきたいという須森社長の思いは、少しずつ未来の担い手にも伝わっているようです。

コラム「子どもにやさしい会社」

スモリの家では、随所に丸みを帯びた設計が見られます。柱や扉はもちろん、同社の名刺にも角がなく、丸みを帯びたデザインになっています。これは、子どもが紙で指を切らないための配慮だといいます。

お客さまが家族連れで展示場に来られたとき、あなたが営業担当者なら、まず誰に名刺を渡しますか？

一家の大黒柱であるお父さんでしょうか？

家庭の財布を握るお母さんでしょうか？

同社では、お子さんです。家族連れで訪れた顧客へは、まず一番に子どもに名刺を渡すのだそうです。当然、一番に名刺をもらった子どもは大喜び。

こんなエピソードがあります。地震で家が半倒壊し、どうしようか困り果てていたある家族が同社を訪れたそうです。なぜ、スモリに来たのか？ 家を飛び出すときに、きっと誰しもが瞬時に大事なものを持ち出すと思うのですが、子どもが持ち出した「宝箱」のなかに、なんと、以前同社の営業担当者からもらった名刺が入っていて、それを見て来店したというのです。

お母さんよりもお父さんよりも先に、自分がおじちゃんにもらった初めての名刺。うれしくて、ずっと宝箱にしまっていたのですね。

アールシーコア

◇暮らしを体感できる展示場

アールシーコアは、ログハウスからスタートした「BESS」ブランドを展開。〝「住む」より「楽しむ」〟のスローガンのもと、体感型の単独展示場にこだわり、ブランドを訴求しています。ユニークな体感型の単独展示場で、顧客のファン化を促進しているのです。展示場面積は平均約五〇〇坪、営業員数三〜四名。BESSの家だけが建ち並ぶ「BESSワールド」で、暮らしが体感できます。展示場を、何度でも気軽に訪れることができるファンづくりの場としているのです。

同社では、「家の購入はまだまだ先の話です」という人々にも、積極的に展示場に来てもらうことを呼びかけています。家の購入を決める前に、どんな家で、どんな暮らしをしたいか。将来の暮らしを見つめてもらうことを大事にしているのです。「まるで自分の家であるかのようにじっくり過ごして、好きなこと、楽しいことを発見してください」というコンセプトです。まさに「家の見学」ではなく、「暮らしの体感」であるといえるでしょう。

そこでは、

・子どもたちは、ロフトへ通じる階段を何度もよじ登って遊ぶ（階段も立派な遊び道具なんです

ね）
・ハンモックでゆらゆら
・キッチンで実際にコーヒーを入れて、家族とともにデッキで過ごし、風を感じる
・冬季はモデルハウスの薪ストーブに薪をくべてゆったりとした時間を楽しむ
といったことが体感できます。

◇体感型展示場でファン化を促進

同社の展示場は、来場時にアンケートに記入した後は自由に見学できるスタイルをとっていますが、これにはわけがあります。住宅の購入に対して、具体的な計画がない――つまりは、「住宅購入未検討の将来顧客」「潜在的なBESSファン」を対象にしているからです。一般的にイメージされる展示場のように、来場すると営業担当者がついたり、根掘り葉掘り聞かれることもありません。BESSに興味を持って展示場を訪れた人が、好きなだけ自由に見学し暮らしを体感できます。家族でどんなふうに暮らしたいか、わが家のようにリラックスしながら話し合ってもらう環境を整えています。

同社では、通常の住宅メーカーが建てるような〝購入の検討段階に入った顧客〟を対象として展示場を建てていません。そうではなく、BESSの暮らしを表現したモデルハウスのある

展示場に何度も足を運んでもらうなかで、「将来、暮らすならBESSの家」という顧客を育成し、ファン化を促進しています。

したがって、初回来場から成約までの期間は、二年以上が全体の二〇％以上あることも大きな特徴です。

そんな同社の作成する展示場の訴求広告には、「ご来場の際は、遊び心をご持参ください」と記されています。住むより暮らす楽しみを追求する同社の思いが表現されたフレーズです。

(2)暮らしを具現化したショールーム

実際に家具を選び、部屋をコーディネートしたくても、よほど得意な人でない限り暗礁に乗り上げてしまうことはよくあることです。広い機能的なリビングに憧れるけれど、どうすればよいか分からない。リラックスできる寝室にしたいけれど、どこをどう変えればよいのか分からない。そんな共通の悩みに応えるのが、ショールーム型の販売店です。

イケア

◇暮らしのワンシーンを見せる売り場

イケアは、スウェーデン発祥の大型家具店。世界の来店者数は年間七億七一〇〇万人（二〇一五年度）に達し、三四言語に翻訳されているカタログの発行部数は年間二億一一〇〇万冊（二〇一七年度版）に達しています。

創業者であるカンプラード氏はイケアの経営理念を「より快適な毎日を、より多くの方々に」という言葉に凝縮。同じ商品を世界中で展開することに加えて、店舗のつくりも世界中どこでも基本的に同じです。

イケアの店舗は、家具をずらりと陳列させるのではなく、キッチン、寝室、リビングルームなどテーマごとに空間を分け、収納のアイデアや模様替えなどの暮らし方を提案する「舞台装置」のようなつくりになっています。

同社は低価格というイメージが先行しがちですが、使い勝手の良い北欧デザインの家具で、誰もが部屋の模様替えをファッション感覚で楽しむ文化を提唱しています。たとえば、カーテンなどの生地を変えるだけで部屋の雰囲気が変わるという様子を、生地のほかはレイアウトが同じである部屋を二つ並べて比較して見せるといった工夫をしているのです。

部屋の雰囲気がガラリと変わる、壁紙の色の変更が賃貸アパートの入居者の間で支持されていますが、同社が提唱するのも、部屋の模様替えを〝ファッション感覚で楽しむ暮らしのスタイル〟なのです。

同社の店舗（ショールーム）は、各自の暮らし方をただ整然と並べるだけの「勝手に想像してください」から、「暮らし方のアイデアを複数パターン用意しましたので、選んでください」へ変えたといえます。「こんな収納のやり方があるのか」「このカーテンの色には、このインテリアや小物がよく合うな」「このレイアウトなら、機能的で見た目もおしゃれだ」といった具合に、毎回、訪れる買い物客に驚きと発見を与えているのです。

(3) 未来の姿を見ることができる

物件を購入するのには大きな決断が必要です。「今は状態が良くても、二〇年後、三〇年後はどうなっているのだろうか？」と不安がよぎることもあるでしょう。そんなとき、物件の経年後の姿を見られるとしたら、どうでしょうか。実際にこんな取り組みをしている企業があります。

ユーミーグループホールディングス

◇三〇年後の今を見てください

ユーミーグループホールディングスは、鹿児島県鹿児島市で全国ブランドの『ユーミーマンション』を展開する賃貸住宅の建設・管理・運営会社です。ユーミーマンションは日本全国で六二〇〇棟、七万五〇〇〇世帯（二〇一六年三月末現在）に支持され、賃貸マンション建築FC建築戸数（RC造）で日本一（二〇一六年三月、東京商工リサーチ調べ）の高品質賃貸マンションブランドです。

同社では、新規顧客であるオーナーを三〇年前に建てたマンションへ案内し、三〇年たった現在でも満室に近い状態、手入れの行き届いた状態で運営していることを証明しています。「タイムマシンに乗って未来へ」というと大げさかもしれませんが、三〇年後の姿を見ることができるのですから、これほど説得力のある〝展示場〟はないと思いませんか。

これは、創業から五年、一〇年の会社にはできないことです。「住宅ローンの終わる三〇年後まで安心してください」と言っても、三〇年たって実際に安心できる〝実績〟がまだないのですから。老舗企業の差別化の一つのアプローチとして、大いに参考になるのではないでしょうか。

「創業一〇〇年です」という会社は確かに尊敬に値します。「創業〇△年の信頼と実績」というフレーズもよく耳にしますが、その実績そのものが直接顧客の購買動機につながっていないのは非常にもったいない話です。実績を積めば積むほど、家を建てれば建てるほど、紹介率が上がる、認知度が上がる、ブランド力が上がるというサイクルとなるべきなのです。

3 Web空間でのコミュニケーション

(1)コミュニケーションツールとしてのWeb

業界の問題点として、潜在化している顧客へのアプローチが非常に弱く、各社でその顕在化した家を買いたい、リフォームをしたいという顧客を奪い合っている節があります。

潜在需要に対して需要を喚起するには、Web空間を利用したコミュニケーションは非常に有効です。しかしながら、Web空間のみで顧客とのコミュニケーションを完結させ、購買にまで至らせるのは難しいのが実情です。

したがって、先述のリアルな場（展示場、ショールーム）とWeb空間とを、顧客に行ったり来たりしてもらいながら、住みたい家、理想の暮らしのイメージを固めていく過程を踏んでもらうのが効果的です。

一方、業界内では、まだまだWebツールを使いこなせていないという現状もあります。自社のホームページに施工実績や商品・サービス一覧を掲載するだけでは、潜在顧客の購買意欲をかき立てるまでには至りません。

ここでは、「潜在顧客」を「見込み客」へと変えていくためのコミュニケーションツールとして、Web空間の利用の仕方について、先進企業の事例をもとにのぞいてみましょう。

リノベる

◇市場に出ていない物件を「宝物」に変える

リノベるは、中古住宅市場に流通していない中古物件を掘り起こし、顧客ニーズに合わせてリノベーションをコーディネートするというビジネスモデルを展開しています。

中古物件選びから、住む人のスタイルや要望に合わせたリノベーション、そして中古物件購入、さらにはリノベーション専用ローンまでワンストップでサポートしているのです。

体感型のショールームが全国に二三店舗（二〇一六年現在）あり、専属のコーディネーターが理想の暮らしをサポートする体制が整っています。

特筆すべきは、設立からわずか五年で売上高三〇億円を達成しており、受注の九〇％以上がＷｅｂサイト（「リノべる。」）での集客であるということです。顧客をインターネット（オンライン）から実店舗・ショールーム（オフライン）へと呼び込む、Ｗｅｂとリアルを組み合わせた集客を成功させたモデル（＝Ｏ２Ｏ）注（【図表15】）です。

注　Ｏ２Ｏとは、「Online to Offline」の略で「On 2 Off」と表現されることもあります。ネット上（オンライン）から、ネット外の実地（オフライン）での行動へと促す施策や、オンラインでの情報接触行動をもってオフラインでの購買行動に影響を与えるような施策のことを指します。

たとえば、実店舗を持つ飲食店や販売店がオンラインで割引クーポンやサービス追加クーポンを提供したり、Ｆｏｕｒｓｑｕａｒｅ《フォースクエア》などの位置情報サービスによって積極的に店舗の認知や来店を促したりすることなどが、Ｏ２Ｏの分かりやすい例として挙げられます。

従来のリフォーム業界では、紙面型（チラシ）での集客が一般的でした。しかしスペースが限られているチラシだけでは、圧倒的に情報が足りません。買うモノを決めている人、つまり目的買いの顧客（「給湯器を〇〇万円でリフォームしたい」など）にとっては、価格と性能さえ伝えればよいためチラシの情報で事足りますが、中古で不動産を買って、さらにリノベーションを施すとなれば、まず買い方から分からないという人がほとんどではないでしょうか。つまり、チラシでは潜在顧客にアプローチはできないと考えるべきです。

図表15　リノべるのビジネスモデル

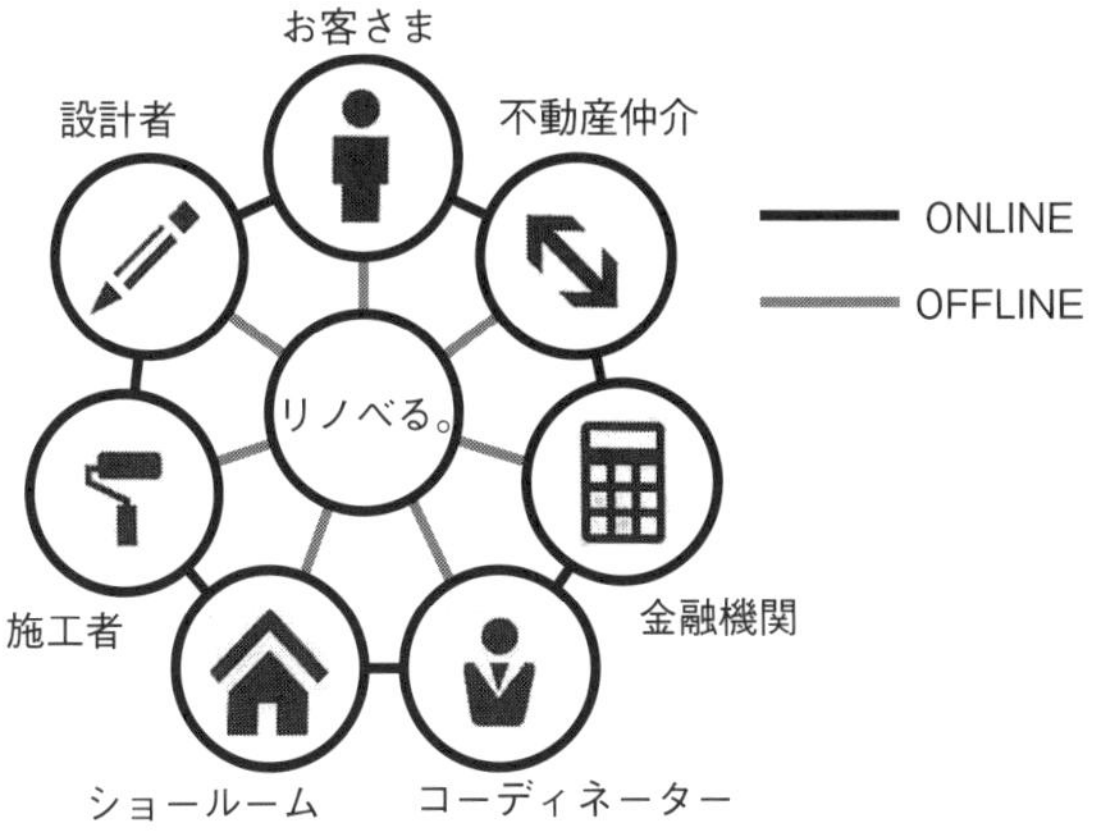

出所：リノべる

◇Web顧客が姿を見せる

考えてみてください。「中古物件を探して、性能面をチェックして購入して、ローンの組み方を勉強して、暮らし方を設計して、リノベーションする」。どの段階でも、初心者には分からないことだらけだと思います。最終工程のリノベーション施工だけを取ってみても、「部屋をどのようにデザインしようか？　どんなレイアウト、どんなインテリアとの組み合わせがよいのか？」という問いに対して、チラシ広告でその内容を十分に伝えることはできないでしょう。なぜなら、目的がない――〝決まっていない〟段階だからです。

同社が優れているのは、家の買い方、自分に合った暮らし方をWeb空間で伝え（教え）、リアルな場（体感型のショールーム）へ「一度行ってみるか」と来場する動機をつくり出していることです。一度リアルな場に姿を見せた顧客は同社のサイトも継続して閲覧します。こうして、Ｗｅｂ空間とリアルな場を行ったり来たりしながら、同社の推奨する暮らし方に共感を持つという〝動線〟が確立されます。

(2) 顧客を育成する

Ｗｅｂ上でファンづくりをうまく行っている企業の例を見てみましょう。消費者が購入前に自社製品を詳しく知っていれば、新たな顧客に育つ可能性が高まります。では、そんな学習の場をどう提供し、ファンを増やせばよいのでしょうか。一つのヒントになるのが、講座やメールマガジンをうまく使う取り組みです。ＭＵＪＩ ＨＯＵＳＥは、『無印良品の家』を中心とした住空間の直営およびネットワーク事業の運営・商品企画・開発・卸売・販売を手がけています。

MUJI HOUSE

◇顧客参加型での商品開発

無印良品の家を展開する同社は、もともと無印良品のＷｅｂサイトの企画・制作・立案や、インターネットでの商品販売（ネット通販）などが主な業務内容でした。

転機となったのは、ただ一方的にモノを販売するのではなく、顧客とインターネットを通じた意見交換を始めたことでした。さらに、顧客と一緒に商品開発を行うという画期的な取り組みを始めると、そのなかからヒット商品（「ＬＥＤ持ち運びできるあかり」「壁に付けられる家具」など）が生まれました。

この発想が原点となり、ネット上で「皆で住まいの形を考えよう」と広く呼びかける取り組みも始めました。たとえば、「暮らしやすい理想の間取りを皆で考えましょう」「最初から用意されたｎＬＤＫの間取りはお仕着せで窮屈ですよね？」「皆で最初から考えよう！」とネット上で呼びかけるのです。これらに紐づけた形で、「洗濯機はどこに置くのがよいですか？」「アイロンはどこでかけますか？」などのカテゴリーを用意します。

そんな質問を投げかけ、ユーザーに回答を呼びかけると、「実は前から私もそう思っていたんだ」と、それに共感する一定の層が現れ、その層の人々が意見を投げかけることで、特に間取りに主張を持っていなかった、まだ価値観として形成されていない真っ白な層の人々にも、新たな価値観を植えつけることができるのです。意見を投稿する人は、自分の意見が他人からどう評価されるか、ずっと見ていることが多いそうです。二〇一四年実績は、ＷｅｂページのＰＶが一三〇万、月当たりの来訪者三万人、メール会員数六二万人、講座の申し込み六〇組／月

図表16　メール会員システムのサイクル

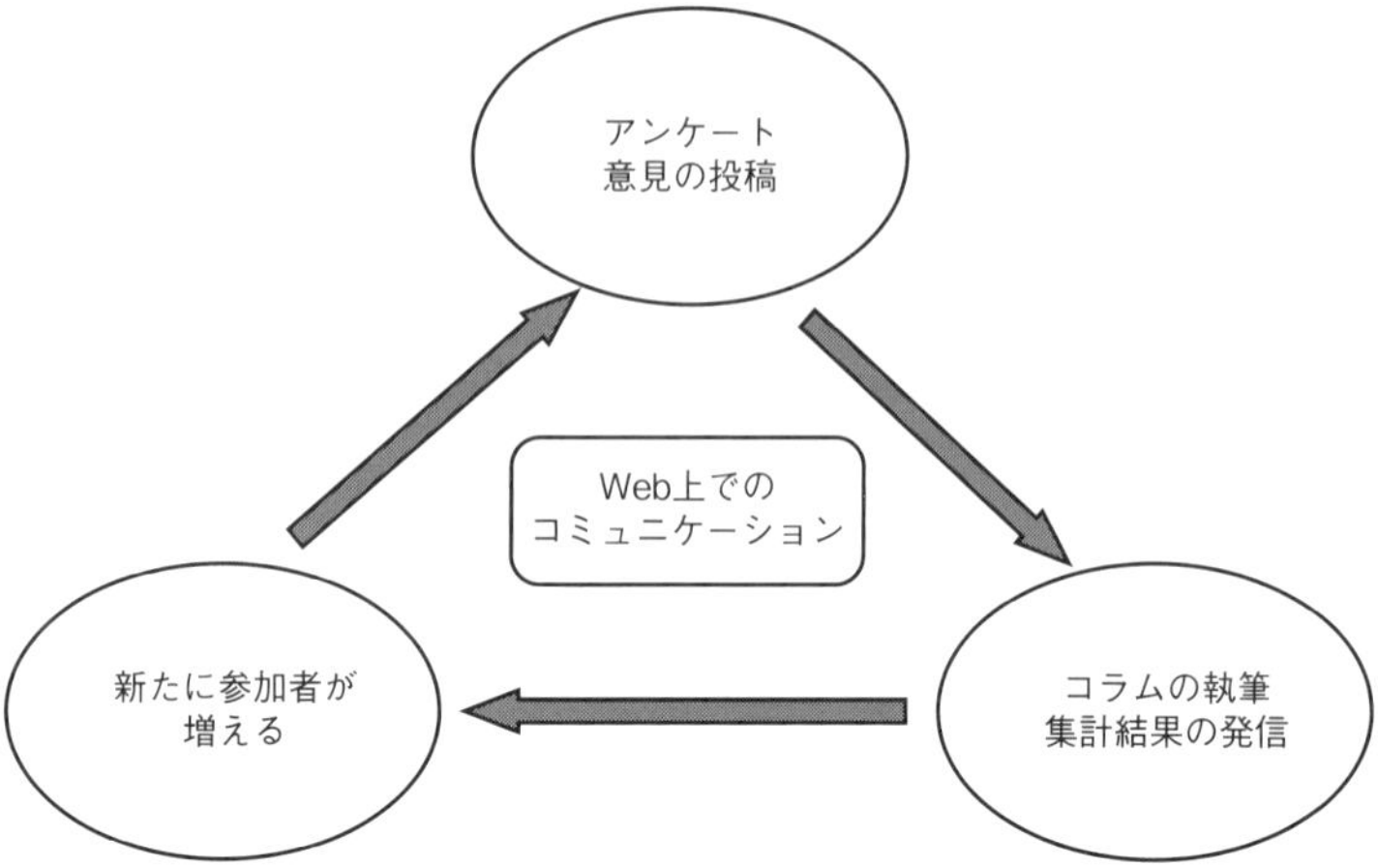

（Ｗｅｂのみ）。

同社は、【図表16】のようなサイクルで六二万人のメール会員と常にコミュニケーションをとっています。「実際に内覧会をやります」と告知すると、ネット上の告知だけにもかかわらず、参加客が殺到。もちろんチラシやＤＭの類は配布していません。

◇一消費者を専門家に

テレビ朝日系列『アメトーーク！』で放送された「家電芸人」という人気シリーズ。芸人たちが軽妙な語り口で、最新家電製品や好きな電気店、家電へのこだわりなどを熱く語るプレゼンテーションをするのですが、その知識は家電量販店の店員以上かと思われるほど豊富です。番組内で紹介された商品はネット検索で上位になるなど、消費者に強い影響を与えています。

このように、消費者を専門家にすることで、結果として自社の商品・サービスのファンにすることが可能です。周りを見渡してみてください。職場の友人や家族など、何かに〝ちょっと詳しい人〟が周囲にいませんか。特定の分野について自分が購入時に勉強し、究めた人などです。パソコンや車はもちろん、アウトドア用品、インテリア、部屋のリフォームなど、ほぼあらゆるジャンルについて、〝ちょっと詳しい人〟は増えました。これだけネットが普及した今、この傾向は今後も加速するはずです。

八清

◇ユーザーが育ち、商品が売れる

京都らしい街並みとその住文化を承継する、伝統的な都市型住宅である「京町家」。その多くは戦前、古いものは大正・明治時代に建てられており、瓦屋根・大戸《おおど》・格子戸・出格子・虫籠《むしこ》窓《まど》・土壁・漆喰壁といった特徴的な外観を持ち、京都の発展の礎となってきました。古き良き時代を感じさせ、多くの人々の心をとらえています。そんな京町家に関わる歴史・意匠・建築・生活などの知識を認定する民間の検定試験として「京町家検定」を主催するのが、前述の八清です。

京町家検定は、「皆にもっと京町家に興味を持ってもらいたい」という思いからスタート。検定は、素人では到底分からない問題をクリアしないと合格できません。

検定に挑戦する人々が、京町家の魅力を深く知るなかでその魅力にはまり、自分も実際にそこに住んでみたいという思いを抱いてもおかしくありません。また、町家に詳しい一消費者の専門家として、人に紹介する役割も担うはずです。

たとえば、日本ソムリエ協会が主催するソムリエ検定の合格者で、ワインを飲まない人はいないでしょう。ワインの魅力を人に伝えたり、自分がワインを飲む際にはちょっとこだわりのあるものをセレクトしているはずです。

本当に魅力のある商品なら、専門用語や業界用語をどんどん使ってＰＲし、消費者の批評眼を高めることで熱狂的なファンにしてしまい、価格競争とは異なる競争が可能になる場合もあるのです。「ユーザーが育つなかで商品が売れていく」。そのような顧客コミュニケーションを構築してみませんか。

(3) 非言語のコミュニケーション

何かを伝えるとき、言葉は大きな役割を果たします。しかし、言葉を介さなくとも共有できることもあります。特に、異なる言語を使う人同士でコミュニケーションをとるときには、非言語（画像）は大変有効な手段になり得ます。

Ｈｏｕｚｚ（ハウズ）

◇住まいに関する情報を世界中から収集

Ｈｏｕｚｚは二〇〇九年に米国で産声を上げた、世界最大の住まいのコミュニティーサイトです。社名は「Ｈｏｕｓｅ」と「Ｂｕｚｚ《バズ》」を組み合わせた造語。Ｂｕｚｚとはもともと「ハチがブンブンと飛ぶ音」という意味で、ここでは人の口から口へ、いわゆるクチコミで広がることを指します。

日本では二〇一五年四月からサービスを開始。二〇一六年現在、アクティブユーザーは全世界で四〇〇〇万人以上。一〇〇万人以上の住まいの専門家が登録しており、常時コミュニケーションすることができます。

Ｈｏｕｚｚのホームページを見れば、理想とする家のイメージを写真（画像）から膨らませたり、建築士やデザイナーに相談したり、さらには実際に発注することもできるのです。クチコミを通じて世界中にその規模を拡大しています。

どうして急成長できたのか。なぜ顧客から支持を得られたのか。同社はその理由を、「みんなが必要だと思うコミュニティーをつくったから」だと説明していますが、もう一つ特筆すべき点があると私は見ています。それは、コミュニケーションの手段を非言語（画像）にすることに徹したことです。

同社のホームページを開くと目に飛び込んでくるのは、プロが設計・デザインしたインテリアや住宅の写真です。その数、実に一二〇〇万枚以上（二〇一六年現在）。しかも言葉の壁を越えて、世界中から写真やそれに関するコメントが投稿されるのです。それを見ていると、「暮らし」はある種の共通言語であると思えます。

国や言語に縛られることなく、コミュニケーションはできるのです。むしろ、言葉を介さないほうが豊かなコミュニケーションがとれるのではないか、とさえ思えます。その関係を構築する力がＷｅｂ空間上にはあるのです。

4 地域とのコミュニケーション密度を高める

さくら住宅

◇OB顧客を自社の株主に

地域密着型の総合リフォーム事業を手がけるさくら住宅は、一九九七年の創業以来一八期連続の黒字経営を続けています。経済産業省の二〇一四年度「先進的なリフォーム事業者表彰」、第五回「日本でいちばん大切にしたい会社」の審査委員会特別賞を受賞。社員数は四五人です。横浜市栄区の桂台地区では、住民の五世帯に一世帯がさくら住宅を利用しているそうです。現在、さくら住宅の資本金は九八〇〇万円。設立当初は一五〇〇万円でしたが、その後三回の増資を重ね現在の資本金となりました。株主数は個人、法人合わせて一八〇人。自社株はなく、取締役社長の二宮生憲《たかのり》氏の二一％を筆頭に、入社二年目以降の全社員が（持ち株会でなく）個人株主で参加しているのです。

驚きは五・五％という配当率の高さだけでなく、株主数の実に六割超をOB顧客が占めていること。これは、増資時に工事をした顧客へ株式の購入案内をしてきたためです。二宮社長は

「お客さま株主制度」について、「会社は社会的な存在であり、お客さまが株主であることは、私たちが間違った方向へ行ってしまったら消費者である株主の方々の意見を入れ、修正することが可能なため」と言います。お客さま株主制度とはその名の通り、リフォームを受託した顧客に株主になってもらう制度です。つまり、未上場企業でありながらも「会社の財務内容を公にしてもかまいませんよ」という制度です。毎年六月の株主総会では、多くのＯＢ顧客を前に「皆さま一人ひとりの会社。この会社をどうするのか皆さまの考えで決まるのです」と説明しているそうです。

最近、同社の評価が高まったことから株式分割をして買い戻しを図りましたが、売却に応じてくれる顧客が一人もいなかったとのことです。

◇地域の人が憩い、集うラウンジ

もう一つのコミュニケーション手段として、同社は「さくらラウンジ」という、地元の人々が気楽に立ち寄れる憩いのスポットを本社の隣に設けています。そこではユニークなことに、地元の手工芸作家などと協力し、ＯＢ顧客（株主）がラウンジスタッフとして運営に当たっているのです。ここでは、近くの施設で障がいを持つ人たちがつくった焼きたてのパンが週三日販売され、来場者がコーヒーを飲みながら食べることもできます。地元の人たちの「ラウンジで待ち合わせ」も定着したといいます。

またオープン以来、展示会を一〇〇回以上も開催しています。藍染などの染色、水墨画、写真、刺繍、刺し子、書道など内容も多岐にわたり、常に予約でいっぱいなのだそうです。

来場者は設立来一万五〇〇〇人に迫り、ラウンジの来場者が自然と、住まいに関する困り事を同社に相談するという流れは、ごく自然の成り行きだといえます。

コラム「駄菓子販売で地元交流」

ある建設会社では、本店事務所の一角で始めた駄菓子の販売が人気を集めています。もともと災害備蓄用だったのですが、近所の子どもたちに昔懐かしい駄菓子屋の雰囲気を楽しんでもらおうと企画。クチコミで知った地域住民も訪れ、気軽な交流の場になっています。

事務所正面の受付カウンター前に商品棚を置き、せんべいやミニチョコ、スナック菓子など約五〇品目を扱う駄菓子コーナーがあり、一〇~一五〇円前後と、子どもの小遣いでも買いやすい価格設定です。近くの児童らが三々五々立ち寄って、品定めしているといいます。

生涯顧客獲得の狙いもゼロとはいえないと思います。なんだか計算高くていやだという方もいらっしゃるかもしれませんが、実はもう一つの効果があるのです。

この取り組みをスタートさせてから、社内が明るくなったというのです。

それもそのはず、元気な子どもたちと毎日触れ合うのですから。つらい現場から帰ってきた社員たちも、子どもたちの姿を見るとほっと一息。

昼休みで、事務員さんが不在のときは、専務取締役だってレジを担当します。

子ども「今日、鉄棒の授業で、逆上がりができたよ！」

専　務「じゃあ、ご褒美にこれ一つ、おまけしてあげよう！」

子ども「やったー！」

こんなやりとりが建設会社内で、繰り広げられているのです。

先日、その専務がスーパーで子どもたちと偶然出会ったとき、「あ、駄菓子屋のおっちゃん！」と呼ばれたそうです。いつか大きくなって、駄菓子屋のおっちゃんに家を建ててもらえるときが来るかもしれませんね。

第5章
住まいをつくる「現場力」

1　現場力を強化する

(1)推計値以上に深刻な職人問題

序章でも述べましたが、一九九五年に七六万人いた大工の数は、二〇二〇年には二一万人にまで減ると推計されています。現場の肌感覚では、統計以上に減っています。というのは、数よりも〝質〟が問題です。職人は一年生であってもベテランであっても、統計上は同じ一人としてカウントされます。しかし、そこには大きな実力の格差があります。

また、六〇代、七〇代の職人さんも廃業しない限り登録数は減りません。でもこれが二〇年たてばどうなるでしょうか。人材(職人)不足が叫ばれて久しいですが、大工だけではなく、型枠、鉄筋、建築に必要な職人が如実に減っていきます。

(2)現場・技術力・監督の質の低下による信じられない不祥事

二〇一〇年代前半、某住宅メーカーの高層マンションでゼネコンが手抜き工事をしたことを大手新聞社がすっぱ抜きました。施工を請け負ったゼネコンの自主検査で補強筋が一部入っていないことが判明、コンクリートを壊して再度やり直すという事態になりました。

一方、日本を代表する大手デベロッパーが開発していた都内某所の高級マンションは、竣工検査に入っているところでインターネットの書き込みからコア抜き（壁や床の完成後に、配水管などを配置するためのスリーブを入れるため、穴を開けること）が多数行われているという情報がもたらされ、施工業者である大手ゼネコンに確認したところ、その日の夜のうちにあっさり事実を認めるに至りました。こちらのほうは完成間際だったこともあり事態は深刻で、結局のところ、すべての売買契約をいったん解約という事態に発展しました。

両物件はそれなりの規模があり、現場体制もある程度整っていたと推測されますが、なぜこのようなミスが起きたのでしょうか。

私は、施工管理できる組織が十分ではなかった可能性が高いと見ています。工事の請負において、現場作業員が不足しているとよくいわれていますが、施工管理者（現場監督）も不足しているのです。請負単価の下落が粗利益の低下を招き、今まで三人で管理していた現場に「一人抜いてくれ」、と上から言われれば、仕方なく二人で管理する体制になってしまいます。施工管理ミスはこういうところから発生するのではないでしょうか。つまり、現場が忙しすぎて細かいところに手が回らないのです。

ましてや経験が少ない若い管理者に任せていても、上司はどこまで進捗しているのかすべて把握できないものです。

「ちゃんと図面チェックをしたか?」という上司の質問に、「はい、やりました」と返ってくると「そうか」で終わるケースが多いというのが現場の実態だと思います。怖い顔で、「やったのか!」と迫るさまは、「やったと言え」と強要しているとも解釈できます。

二〇〇〇年代に起きた「耐震強度偽装事件」以来、建築基準法が厳正化されましたが、第一線の現場の多くが本質的な課題を解決できないままだといえます。

(3)チームでの取り組み

ここでいうチームとは、社内だけのことではありません。協力会社までを含めてチームと定義したいと思います。

生産年齢人口が減少していくと、もはや社内だけで、現場の品質管理から教育まですべてをまかなおうとするのは無理があるといえます。現場の品質は、協力会社、とりわけ職人の質で決まると言っても過言ではありません。元請会社も協力会社の教育、もっと言えば採用にまで積極的に関わり、協力会社も元請会社の品質管理をはじめとした業務に積極的に関わる。そんな運命共同体の関係構築が必要ではないでしょうか。

ある会社では、専属の協力会社を自社の組織図のなかに、組織の一部として「チームがいくつあって、職長が誰で」ということを明確に示しています。

トップクラスの営業担当者が一〇人いても、職人がいなければ建物は建ちません。職人の数は確実に減っています。ピンチをチャンスと捉え、協力会社をパートナーとして捉え、チーム一体での取り組みを再考するときなのです。

2　職人不足を克服する

(1)職人の育成システムを築く

職人をめぐる環境がこのように深刻化するなか、自社で職人の育成に取り組んでいる企業があります。そのユニークな取り組みを紹介します。

新和建設

◇大工を育成し、独立させるシステム

先述の平成建設のシステムがいかにすごいかお分かりいただけたかと思いますが、さすがに

すべての大工を自社で抱えるのはちょっと……と思われた方が大半であると思います。次に、大工を自社で育成するけれど、数年で独立させ、自社の協力業者として良い関係を築くという仕組みを構築している、新和建設の事例を紹介します。

同社は、一九六九（昭和四四）年創業。愛知県・岐阜県で新築一戸建て・注文住宅・リフォーム事業を展開し、施工実績は約四〇〇〇棟に上ります。エリアナンバーワンビルダーとしての地位を確立しており、従業員二五一人（正社員は一七〇人程度）、棟梁・大工職人は一〇九人（二〇一七年現在）が所属しています。親子二代での棟梁も一四組いるそうです。

創業以来、一貫して大工育成を進めてきた同社。毎年、入社してくる大工研修生を、独自のカリキュラムで養成しています。

◇卒業した大工が再び帰ってくる

同社では、高卒生を研修生として採用し、育成する仕組みを設けています。入社後は、六、七年かけて育成し、一人前になると大工として独立することができます。独立した大工には同社から仕事を依頼する仕組みができています。ただし、他社の仕事を請けることも可能で、専属を義務づけていません。さらには、次の研修生への講師として、〝卒業〟した大工たちが教鞭を執ります。

図表17　素材の分かる匠の技　伝承ビジネスメソッド

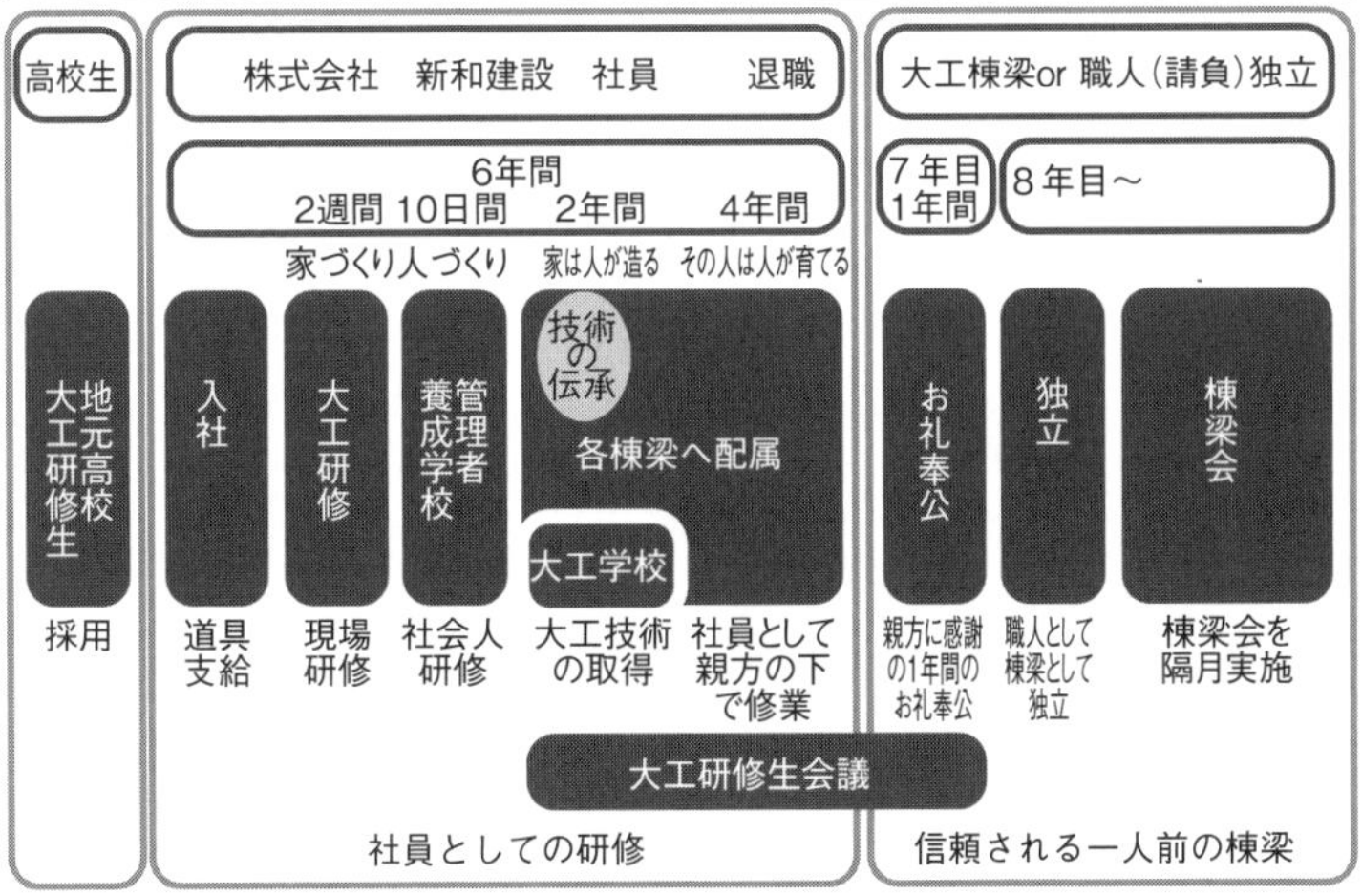

出所：公益財団法人 日本デザイン振興会「グッドデザイン賞」ホームページから作成

次に、具体的な流れを見てみましょう（【図表17】）。入社すると、道具が支給（二五万円程度）されます。道具の使い方や現場研修、礼儀・マナーの教育も受けます。卒業発表会を経て、共通の研修期間が修了した後は、それぞれの親方棟梁の下で六年間勤務します。最初の二年間は、これに並行して大工の訓練校（建築大工訓練校）に通い（年間九〇日）、基本的な内容から専門的な内容まで、実務のなかでは覚えることのできない匠《たくみ》の技を身につけます。七年目のお礼奉公を終えると同時に、棟梁として独立するか、親方についていくかどうかを決めます（棟梁として独立できる人しか卒業できません）。

◇大工・棟梁の給与システム

給与システムについてはどうでしょうか。まず、親方に預けられている研修生（大工一年目）には、同社が給与を支払います。また、大工棟梁にも賞与を支払います（発注金額の三%をストックし、工事を割り振った金額に応じて支払います）。研修生のなかでも番付を設け、それぞれの格に応じた金額設定となっているのです。

人手が足りない場合は、番付表（縦軸に研修生名、横軸に日当を置く）を見ながら親方同士で人工《にんく》の貸し借りや金額のやりとりも可能。雇う側の棟梁にとっては、安価に人工を確保できるメリットがあります。

技術面だけでなく、社会人としても信頼される、本当の一人前の棟梁になるまでに育て上げるこの育成システムは高い評価を集めており、二〇一五年にはグッドデザイン賞とウッドデザイン賞のダブル受賞を果たしています。

◇良い建物づくりは良いヒトづくりから

同社の育成システムのポイントは、「棟梁、研修生、新和建設」の三者がともに満足できる仕組みとなっていることです。この三者の満足度は、そのまま顧客への高い品質へとつながっています。外注業者を下請け扱いして、単価をたたくことでしか自社の利益を出せなくなっている会社と、どちらが顧客に対して高い品質を提供できるかは明白でしょう。それを証明するかのように、同社の紹介受注率は四〇％と高い水準を維持しています。

また、このシステムを機能させるために、とにかく仕事を空けない工夫が随所でなされていることも成功要因の一つであるといえます。発注を切らさないことはもちろん、効率化の面でも、本店・支店・新築部門・リフォーム部門のすり合わせで日単位での工程管理がすべてＩＴで管理されており、最適な業務フローが常に維持されているのです。

平成建設

◇自社で社員として大工を育成

先述した平成建設では、社員数五六〇人中、大工が二二〇人と業界の常識では考えられない人数の大工を自社で抱えています。二二〇人もの大工が、しかも社員として在籍しているのは、おそらく日本でこの会社だけでしょう。売上高一兆円、従業員一万人に迫るスーパーゼネコンでも、ここまでの人数はいません。

大工を自社で抱えるのは建設業界では非常識です。現在の業界は、元請けと下請けで分離され、元請けは主に上流を担う形になっています。また必要な職人はその都度アウトソーシングでそろえるスタイルが一般的です。同社の大工自社育成システムは、そうした構図から脱し、自社で大工を育成し、一体の集団として一貫した仕組みに変えようとした意欲的な試みです。社員五六〇人中、大工・職人が二二〇人というほかにはないビジネスモデルを維持し、大工という職人システムを内製化したことで、ものづくりに必要なスキルや経験を会得でき、信頼性が高い建物の建設を可能としました。

減少していく大工という職能を、会社がリスクを負って社員として内製化を実現しているのです。

◇多能工化システム

大勢の職人を自社内に抱えることは、経営の視点からすると負担に思われる方も多いでしょう。しかし、同社の職人は「とび職・型枠工・土工を一人でこなす職人」や「設計と現場監督を兼ねる大工」など、一人で複数の役割を担える〝多能工〟です。それゆえ、あらゆる場面で柔軟に対応することができ、仕事の効率を高めるとともに無駄を排除することで、この職人育成システムを維持し続けることができているのです。

社員だからこそできるコスト削減や付加価値の提供に取り組んでいるといえます。同社の多能工と呼ばれる職種では、基礎工から足場、型枠、鉄筋工までを一人でこなすことができます。

これによって現場への効率的な人員配置が可能になり、工期の短縮も実現。設計から積算、施工現場までを一貫して結ぶ業務システムの導入も早期から進めています。

同社の秋元久雄社長は「三つや四つの工種ができるのは当たり前。一〇工種くらいできて初めて多能工と呼べる」と手厳しい。「もっともっと人を育てたい、職人の数も一〇〇〇人にしたい」と成長意欲は衰えていません。

◇教育担当者はオヤジではなく〝アニキ〟

同社の思想に、「親父では子どもを育てられない」という考え方があります（誤解のなきよう、思想としてご理解ください）。言いたいことは、「世代間格差（ジェネレーションギャップ）のある状態で教育を任せっ放しにしてはいけない」という一つの考え方です。親子ほど年齢差のない、〝兄貴分であれば弟を育てられる〟というのです。つまり、「若い人が若い人を育てる」ようにしている。これが同社の育成システムの根幹をなす考え方です。

したがって、各年代の人数にばらつきが出ないよう、継続して新卒を採用しています。

「今期は業績が良いから採用しよう」

「来期は業績見通しがかんばしくないから採用を見送ろうか」

という姿勢では、このシステムは機能しません。

同社では、一年生を育てるのは三年生。三年生を育てるのは五年生、といった具合です。

創業当初は、大工が五人だったそうです。二〇年、三〇年の経験を持つ大工が各一人ずつ、そしてまだ経験が浅い一〇年、一五年の大工も各一人の計四人。それに対して、一年目の見習い（一人）がついていたのですが、それが作業に支障をきたしていたそうです。つまり、経験者が四人いても、一人を教えるだけで精いっぱいということになります。仮に新卒大工を同時に五人採用しようと思えば、少なくとも二〇人の教育（経験）者が社内に必要で、この二〇人を育成するのに一〇年を要するのです。これがどれだけ大変なことかは、想像に難くないでしょう。

現在は経験三〇年目の職人が一〇人、二〇年が三〇人、一〇年が一〇〇人、残りは五年未満の構成でピラミッドを構成し、毎年三〇〜四〇人もの社員を受け入れるまでになっています。上に二〇〇人もの職人がいるからこそできる採用・育成システムです。仮に他社が同社に追いつこうと、急に人員を大量採用したところで、優れた指導者と世代の近い兄貴分（日常の教育係）がいない限りはすぐに辞めてしまうでしょう。

職種（鉄筋、左官、型枠など）ごとに、適正人数の人材をまんべんなくそろえて受け入れ体制をつくるのに、同社では二〇年かかったそうです。逆に言うと、二〇年かけないとこの体制は整わないので、誰もまねができないのです。この環境を築いていることこそが最大の〝参入障壁〟となっています。

◇全国からエリート大工を目指す学生が集まる

「職人と大工は違う」――同社が最もこだわる職種の定義です。本来、大工は〝棟梁〟と呼ばれ、設計、現場指導、材料発注、弟子の指導、すべてができないと務まりません。まさに建設業界のエリートで、同社では〝エリート大工〟と定義しています。大工のなかのエリートというよりは、「大工という職種そのものが本来エリートである」と言ったほうが正しい解釈といえるでしょう。

対して、同社では職人について「単純作業を担う人」と位置づけています。大工になる過程の一つとして、職人があるというわけです。社会のなかで、いつの間にか「大工」という言葉が誤って使われているというのが同社の見解です。したがって、初めは職人から経験させるけれど、目指すものは大工、いや〝エリート大工〟なのです。

さらに驚くべきは、同社の社員が高学歴だという点です。現在は県外出身者が八割を超え、あらゆる有名大学の出身者がそろっているのです。東大卒の大工が二人、京大卒の大工も三人います。大卒にこだわり続けたリクルート活動を行った結果、文字通り、全国の学生が平成建設の大工になりたくて、集まってきているのです。

これは、〝大工のなり手がいないのではなく、受け入れる環境がなかっただけ〟であることを示唆しています。従来の丁稚奉公的な職人と、同社の大工のイメージは一八〇度異なります。

(2)協力業者とパートナーシップを築く

先述の二社の事例を見ると、職人不足を解消するには、職人を自社で育成することが唯一の解決策であると思われるかもしれませんが、決してそうではありません。

外注業者とパートナー関係をきっちり築き、チームとして職人不足に対応していく方法があります。次に、その事例を紹介します。

スモリ工業

◇〝職人ファースト〟に徹する

第4章で述べたスモリ工業は、「職人とお客さまの両方に幸せになっていただくために、自社は〝縁の下の力持ち〟的存在でありたい」という方針のもと、あくまで自社はマネジメント側・事務側という考えで経営しています。そのため、職人が働きやすい環境を整えるとともに、コストを下げることに徹しているのです。

スモリ工業は年間約二八〇〇棟を施工しています。専属の職人は五〇〇人在籍。一方で、いわゆる現場監督と呼ばれる職種は社内に一〇人程度。つまり二八棟／人で施工している計算になります。その秘訣《ひけつ》は、ほぼ専属として働いている職人が監督業務を担っているということにあります。

同社の現場監督は、もっぱら職人が働きやすい環境づくり（材料手配・図面作成・工程管理など）に力を入れています（もちろん管理業務を一切やらないわけではありません）。

同社の須森明社長いわく、「家を建てるのはあくまで職人さん。社員は仲人役に徹するべきです」。品質責任の大半の役割を任せるわけですから、年間の発注量はもちろんのこと、相見積もりではなく専属の発注であることは言うまでもありません。

本社においても、職人にやさしい環境づくりの工夫がなされています。本社の大半のスペースは専属の職人が仕事帰りにくつろげるスペースとして開放されているほか、フリードリンク、専用ロッカーなどの設備をそろえ、職人同士、そして、社員とも気軽にコミュニケーションがとれる雰囲気が一体感を醸成しているのです。

職人から見ても、「作業報告書に終了時間を記載して、元請けの職人にサインをもらいにくるだけ」の事務所スペースではありません。一日の仕事を終えて、当日の作業の反省、明日の段取り、エンドユーザー（施工主）と現場で交わした会話内容など、事務所スペースのあちらこちらで、自然体のQCサークルともいうべき会話がなされています。
注意しないと見逃してしまいがちですが、こういった環境が整備されている会社がどれだけあるでしょうか。会社と職人との信頼関係、そして何よりもその一体感を味わうことができるのです。

◇工務会の見直し

先述の新和建設では、棟梁会（一般の建設会社でいう安全協議会、工務会）を開いて各種イベントの報告、品質基準書の改定・伝達などを行っています。参加者は大工棟梁、社長、副社長、取締役、各部門長、工事監督。業務後での実施にもかかわらず、ほとんどの大工が参加しており、出てきた意見はすべて聞き、放置せずに必ず返事をするそうです。会社が聞く姿勢を大事にしており、現場から工法や日頃の業務で改善すべきことを提案してもらっているのだといいます。

現場で仕事を進めていれば、何かしらの不満は必ず出てくるものです。会社として耳の痛い内容もしっかり聞いて解決していくことが、同社と協力会社のより強いパートナーシップ関係の構築に寄与しているのです。

「協力業者とは対等であり、パートナー会社である」と、胸を張って言える関係を構築することが大切です。しかし、「工務会（安全協議会）を開催していますか？」と質問すると、「はい、もちろんウチでもやっています」と即座に返答がある企業は多いのですが、問題はその中身です。

〝協力会社の社長が出席しているか？〟

〝施工を担当する職人本人が出席しているか？〟

〝一方的に決定事項を伝えるのではなく、ディスカッションの場となり得ているか？〟

社内では、同様の品質改善会議や、プロジェクトを数多く実施していても、協力会社を巻き込んで行っている会社は少ないように思えます。

さらに言うと、職人にモノ申せない若手現場監督が増えてきていると感じます。これを個人の性格の問題として片づけてはいけません。何をもって「良い品質」と言うかの明確な判断基準を持たせ、職人とのコミュニケーションの環境を会社として提供することで、解決できるのです。

3　現場監督を育成する二つのアプローチ

現場監督という仕事は、だいたいが現場で一人で勤務する体制になっています。全国展開している中堅規模以上の建設会社になりますと、これがより顕著になります。朝、会社の仲間に会うわけでもなく、夜、仕事が終わってからも特に集まる場所もない。何もしないままでいると、横のつながりがまったくない、他の同じ現場監督の顔もよく知らない、教育は完全に現場任せ、という状態になります。特に、教育を現場任せにすると、現場の規模や配属先の上司の裁量に左右され、現場間で育成格差が生じることは避けられないでしょう。

次に、主に中堅クラスの建設会社に見る現場監督の質を高める二つのアプローチ、

①施工品質の基準をたたき込む

②社内コミュニケーションの見直し

について詳述します。

(1)施工品質の基準をたたき込む

施工品質の基準を理解させるための対策を二つ挙げたいと思います。一つ目は、良い品質に触れることです。そもそも一〇〇点満点のレベルがどのような状態か、監督者自身が理解していないので、目の前の品質を採点できないという問題があります。

まず、品質一〇〇点満点の施工現場をたたき込みます。写真で見せる、現物を見せる、その場で注意するなど手法はいろいろありますが、とにかく一〇〇点の品質に触れることで、目の

前で施工中の案件の品質に○か×かの基準を持つことができます。コンクリートの養生とは、安全の担保とは、など一〇〇点の正解を知ることで、自分のなかに判断基準を持つことができるようになります。

二つ目は、現場の実務作業を理解させることです。現場で適切な指示を出すためには、職人の実作業の中身を理解することも必要です。「この作業なら一時間でできるな」「腰をかがめた状態で二〇本もアンカーを打つのは厳しいな」「穴の位置を設計図面通りではなく、あと二〇センチメートル上げられるか。構造計算をして確かめよう」。これが、現場合わせ・現場設計というものです。ここに考えが及ばないと、「あいつは現場を分かっていない」「使えない監督だ」となるわけです。現場が分からないのではなく、分かろうとしていないだけなのです。

では、「現場が分かる」とは、具体的にどういうことでしょうか。これは会社が教えなければいけません。これすら個人任せになってしまえば、ただぼんやりと現場を見ている監督になってしまう可能性が高いといえます。職人からお呼びがかかるのは、休憩時の缶コーヒーの買い出しくらいでしょう。これでは笑い話にもなりません。

本来は、協力業者の生産性、作業性、安全の担保を注視するべきです。管理の中身を具体的にすることから、社内教育を始めることが大切です。「俺の背中を見て育て」の教育では、若い芽は伸びないのです。

成功事例を一つ紹介します。ある会社では、現場監督（工務部）は新卒後二年間本社の所属とし、技術職社員の先輩を教育担当で張りつけて、みっちり教え込むスタイルをとっています。教育担当は持ちまわりで担当し、選出された年は、担当現場を持たないのだそうです。

新卒社員は、日中は配属された現場で実務に当たり、都度、教育担当が現場を回りサポートします。現場で数量の拾い方から発注の仕方、協力業者との折衝、施主とのトラブル対処法など、教科書を読んだだけでは分からないことを中心にアドバイスします。

ややもすれば、各現場で孤独感から悩みを抱え込む割合が高い職種でもあるので、二年間はこの体制を継続しています。二年間というのは長い気がしないでもありませんが、技術の土台をつくる期間を設けなければ、応用力が積み重なっていかないのも事実です。

一見、手間とコストがかかるように思われるかもしれませんが、長い期間で見た場合、この二年間の投資は決して無駄ではないのです。

異業種でも同様の手法がとられています。ある中堅玩具メーカーでは、開発機能が同社のコアであることから、入社した新卒社員は、工場、経理・総務、営業職などの希望に関係なく、最初の一年間は社長直轄の開発室へ配属となり、同社の開発イズムを体で覚えてから各部署へ配属されます。

(2)社内コミュニケーションの見直し

先述のように、現場監督は仕事の特性上、組織への帰属意識が薄れがちです。仕事についての指示はあおげても、同じ話題で話せる仲間や話せる場所がなく、「悩みや相談事を持っていくところがない」というのが実情なのです。技術力うんぬんの前に、この「孤独感」を理解することから始めるべきです。住宅業界においても、土木や建築の現場に比べると工期も短く、孤独感も少ないとはいえ、それでも注意が必要です。

ここでは、社内と社外に分けて、コミュニケーションの見直しを考えたいと思います。

一つ目は、組織横断型のプロジェクトや委員会を社内で立ち上げ、そこに参画させます。「業務改善プロジェクト」「IT化促進プロジェクト」「新規事業開発プロジェクト」など、経験値がモノをいう現場では発揮できなかった、個々が本来持っている能力を引き出すことに注力することがポイントです。普段は会話の機会が少ない他部署のメンバーと、力を合わせて何かをやり遂げる達成感のなかから組織の一員であることを自覚させる効果もあります。

二つ目は、会社行事ではおなじみの運動会や社内旅行でも、対策を打つことができます。単に、福利厚生の延長線上で実施するのではなく、孤独になりがちという職務上の課題を解決するという明確な目的を持ったうえで実施すべきです。

こういった横のつながりを意図的につくる試みを積み重ねることで、現場でのトラブルやプライベートでも、互いに相談できる人間関係が形成されていきます。目には見えないことなのですが、とてつもない効果を発揮します。

このように協力会社と議論を重ねる場を持つことで、現場監督の施工品質力が磨かれていきます。

4 企業へのロイヤルティーを高める

(1)人材育成

チームで一枚岩になるためには、経営理念を正しく理解し、組織へ浸透させる仕組みが必要です。しかしながら、理念や憲章を唱和していても、一言一句の意味や、背景までを理解できていない場合が少なくありません。したがって、一言一句、もしくは、キーワードとなる言葉に対して、解説文を必ずつくる必要があります。「理念憲章」やその理念に基づく「行動憲章」としてまとめることをお勧めします。

また、教育体系が整備されているということは、人づくりに本気で取り組んでいるということ

図表18　ロイヤルティーを高める

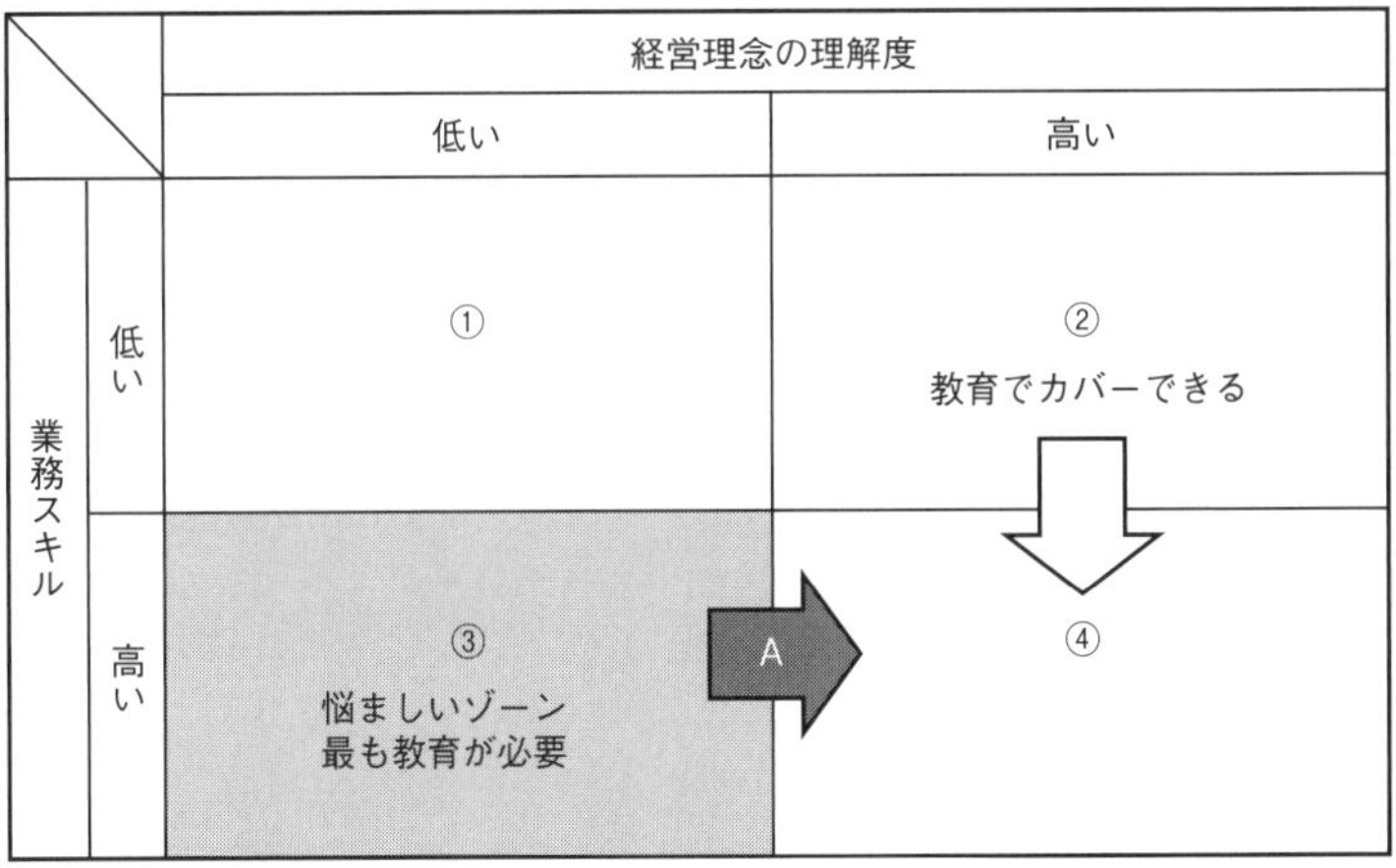

		経営理念の理解度	
		低い	高い
業務スキル	低い	①	② 教育でカバーできる
	高い	③ 悩ましいゾーン 最も教育が必要	A → ④

実はAの教育は実施されていない場合が多い（業務スキルが高いため）

とです。人材育成に対して熱心であるという企業姿勢を貫くことで、会社とともに成長しようという土壌が形成されます。「マネジメント力」と「専門技術力」。この二つの軸でバランス良く、教育カリキュラムを編成することが求められます。専門技術に偏り、マネジメント教育を怠れば、部下を育てられない、組織力を生かした活動ができない、などの弊害が必ず出てきてしまいます。

【図表18】にあるように、人材育成を考えるとき、業務（専門+マネジメント）スキルのほかに、もう一つの軸、経営理念の理解度のモノサシを当ててみることを提言します。

【図表18】で、④は問題ないでしょう。①は多くの場合、新卒社員が対象となり、育成のスタート地点です。②のゾーン（業務スキル：低い、経営理念の理解度：高い）は、前向きに取り組んでいますので、通常の教育をすることでカバーできます。問題は③のゾーン（業務スキル：高い、経営理念の理解度：低い）です。特徴は、「自分は自分のやり方でやります」といったスタンスの人が多い。これが行きすぎて、部下を無能呼ばわりする、人前でも平気で上司・会社を批判するなどの組織不適合者になる前に、きちんと教育を実施する必要があります。業務スキルは高いので、過去に上げた実績が評価され管理職や役員に登用されているケースも少なくありません。しかもその業務スキルの高さから、教育の対象者として外されがちです。仕事もその人に集まる傾向があるので、何かと社内で忙しく、優遇され、その不文律の優遇制に慣れてしまうと、勘違いが起こり得る土壌となります。

対策の一つとして、この末期症状が出る前に、会社方針・トップの思いを理解させる場や、会社の未来を考える場に積極的に参加させるべきです。タナベ経営が主催するジュニアボードも効果的です。ジュニアボードのメンバーとして、会社の未来に対してその提言事項を検討するなかで、創業者やトップの思い・哲学が織り込まれた理念を理解し、最高水準の価値判断基準が身につきます。このような研修システムのなかで、「方針に従わない自分が恥ずかしい」「陰で上司の文句ばかり言っている自分が恥ずかしい」など「～である自分が恥ずかしい」と思わせる雰囲気をつくることです。

(2)独自の採用戦略

変化と成長を続けていくには、優秀な人材を確保する必要があります。しかし、会社案内は社内のコピー機から出力した会社概要一枚、ホームページも数年前から更新されておらず、合同企業説明会にブース出展しても総務部に丸投げでは、「大手企業の採用枠からあふれた人材を面接する」というレベルにとどまるでしょう。

採用は企業と学生の真剣勝負です。中堅・中小企業では、トップの〝思い〟と、採用活動に割く〝時間〟のパーセンテージで勝負が決まると言っても過言ではないのです。会社の未来は、「一年先は決算書、五年先は商品、一〇年先は人材で決まる」のです。

採用戦略がしっかり定まっていなければ、中期計画も組めません。「うまく人が採用できれば計画は達成します」という計画ではダメなのです。

次に、大企業にはできない、中小企業ならではの特徴を生かした採用戦略で、優秀な人材を毎年獲得している企業を紹介します。

サンエース

◇中小企業だからこそできる採用戦略

大企業に絶対負けない採用戦略を展開しているのが、神戸市で塗料卸売業と住宅リフォーム業を展開するサンエースです。オートサプライヤー事業部は自動車補修用塗料、工具、副資材のコンサルティングセールスを行う専門商社部門。同社が他のオートサプライヤー四社と設立した団体「トップネット」は、業界シェアナンバーワンを誇っています。また、リファイン事業部ではパナソニックのリフォームを行うフランチャイズ店を運営していて、パナソニックの全国リフォーム事例コンテストでは二一年連続リファイン大賞を受賞（二〇一六年現在）し、業界をリードする高いデザイン力を誇っています。

タナベ経営主催の「住まいと暮らし成長戦略研究会」で、同社の中山勇人社長に登壇いただいた際の模様を抜粋・一部編集して紹介します（業績・従業員数などのデータは二〇一五年八月当時のもの）。

―サンエースの概要をお聞かせください。

中山　サンエースは一九四九年に創業し、現在は一二九名の社員と、一一の拠点を有する会社です。私が三代目の経営者になります。創業以来六六年間、黒字経営を続け、自己資本二四億三〇〇〇万円、自己資本比率八四・七％の健全体質。二〇一五年の売上高は三六億八〇〇〇万円。タナベ経営が目標に置く経常利益率一〇％超を六期連続で達成しています。

（中略）

―サンエースの強みと特性をお聞かせください。

中山　一番の強みは、財務内容がとても安定していることです。（中略）さらに、学生からの人気が高いことも強みです。日本経済新聞が発表した関西地区就職希望企業ランキングでは三年連続一〇〇位以内に入り、直近の順位は三七位でした。その前後には、竹中工務店や島津製作所、村田製作所といった大企業ばかり。関西地区の中小企業で人気ナンバーワンと学生に評価されたことに価値があると思っています。

（中略）

―（中小企業において）採用に関しては、「わが社には優秀な人材が来ない」「新卒採用は無理」といった消極的な意見の経営者が多いようです。採用に対する中山社長のお考えは？

中山　当社の社員が業務を行う現場は、決してきれいな環境とはいえません。しかし、自分の頑張りが世の中の役に立つと確信しているので、実に生き生きと働いています。私は銀行に一六年間勤め、数多くの企業を見てきましたが、当社のように社員全員にまで理念が浸透している大企業は存在しません。中堅・中小企業には、大企業に絶対負けない強みがあると思います。そこを学生にアピールすべきです。

「真っ白な新卒を、経営者の手でこの世のために育てていく」というのが、中堅・中小企業の人づくりに対する根本的な考えではないでしょうか。「新卒採用は一〇年先の投資」とタナべ経営は提言されていますが、まさにその通りです。その投資は大きな利子をつけて必ず返ってくると、私は信じています。

―採用・育成やモチベーションアップの仕組みによって、社員が生き生き働く環境が評価され、サンエースは「平成二六年度おもてなし経営企業選」（経済産業省）に選出されています。現在の採用活動を具体的に教えてください。

中山　新卒の採用活動では、特に就活（就職活動）サイトが注目されますが、学校とのパイプづくりも重要だと考えます。

当社は地元の神戸大学と良好な関係を築くことができ、キャリアセンター／大学生協が発行する『地元企業特集』に四年連続して掲載されました。有名な国立大学だから敷居が高いと諦めることなく、自社がターゲットにする大学へ出向いてみることが、人材獲得の大きなステップになると思います。

もう一つ、当社が重要視するのはインターンシップ（就労体験）です。学生をお客さまのもとに連れていくのは失礼に当たると考え、私と一緒に経営企画を考えてもらうことにしています。経営者が経営企画を考える場合、右脳で夢を膨らまし、左脳でハードな計画を組み立てます。この右脳で楽しみながら夢を膨らますところを学生にやってもらうのです。これがとても好評で、今では当社に入社していない学生からも「サンエースのインターンシップに参加したほうがいいよ」という情報がクチコミで広がっているようです。

（中略）

―インターンシップ期間中に、会社にふさわしい学生をスカウトするのでしょうか？

中山　インターンシップ期間中に、自社への入社を促すような宣伝は一切しません。興味を持った学生は、必ず会社説明会に戻ってきてくれますから。自社の宣伝に力を入れる大手企業との差別化が、自然に図れます。

二〇一四年度は、その後、会社説明会を一一回開催して、四一八名が参加しました。エントリーしたのは三〇〇〇名です。会社説明会は一次選考を兼ね、算数や漢字の試験も行います。小学三、四年生のレベルですが、実際に解けない学生もいるのです。次いでグループ選考でふるいにかけ、面接に入ります。面接は計六回で、人財開発室、支店長クラス、リーダークラスに続いて、私が面接します。一回の面接には一時間以上をかけ、互いが真摯《しんし》に向き合って話をします。

――内定後の取り組みについてお聞かせください。

中山　私が社長になってから内定辞退者は一人も出ていません。内定を出した日は、個別に料理店に誘い、私と一対一で祝杯を挙げます。内定者が出そろうと、全員を集めて内定者ミーティングを開催。グループワークを行い、それぞれの性格や個性を知ってもらいます。ここで芽生えた仲間意識が、社会人生活に良い影響を与えているようです。

インターンシップには内定者も参加します。また、私が内定者のご両親のもとへあいさつに伺い、決算書も持参して当社の説明をします。厳しい質問をいただくこともありますが、真摯《しんし》に答え、互いの思いを語り合います。年が明けた二月の全社ミーティングでは、社員の前で一人ひとりの自己紹介をしてもらいます。

――トップの熱い思いと大きな夢を学生に伝え、それに共感する学生が集うのですね。

中山　中堅・中小企業の経営者が本気になったら、大企業に絶対負けないと確信しています。それが中小企業の元気につながり、ひいては日本経済のためにもなると考えます。

同社には「エネルギー序列」という概念があります。何かを決めるとき、役職でもなければ、キャリアでもない、最も思いを持っている、エネルギーを持っている社員が優先的に選出されるのだといいます。ある研修の場で、私は同社の幹部にこんな質問をしたことがあります。「エネルギー序列の一番は誰ですか?」。幹部の方は、「社長の中山です!」と即答でした。

採用の現場では、企業の真剣度が問われます。企業の真剣度、すなわち経営トップの〝思い〟です。同社では、社長自ら会社説明会に出席し、自身の言葉で、会社のビジョンを学生に熱く語りかけ、共感した学生が再び訪れます。エネルギー序列ナンバーワンの社長が相手では、大企業の採用担当者も分が悪いことでしょう。

［著者］
山本剛史（やまもと・つよし）
タナベ経営 住まいと暮らしビジネスコンサルティングチームリーダー

企業の潜在能力を引き出すことを得意とする経営コンサルタント。事業戦略を業種・業態ではなく事業ドメインから捉え、企業の固有技術から顧客を再設定して事業モデル革新を行うことに定評がある。現場分散型の住宅・建築・物流事業や、多店舗展開型の小売・外食事業などで生産性を改善する実績を上げている。神戸大学大学院卒。

［編者］
タナベ経営 住まいと暮らしビジネスコンサルティングチーム
大手コンサルティングファーム・タナベ経営の全国主要都市10拠点における、住まいと暮らし分野専門のコンサルティングチーム。ファーストコールカンパニーを目指す事業主の事業戦略から組織戦略、経営システム構築、人材育成まで幅広く手がけ、多くの実績を上げている。2014年より「住まいと暮らしビジネス成長戦略研究会」を主宰。

ファーストコールカンパニーシリーズ
やっぱり気になる「住まいと暮らしビジネス」
——社会課題を解決に導く5つのアプローチ

2017年3月16日　第1刷発行

著　者——山本剛史
編　者——タナベ経営 住まいと暮らしビジネスコンサルティングチーム
発行所——ダイヤモンド社
〒150-8409　東京都渋谷区神宮前6-12-17
http://www.diamond.co.jp/
電話／03·5778·7235（編集）　03·5778·7240（販売）
装丁————斉藤よしのぶ
編集協力——安藤柾樹（クロスロード）
製作進行——ダイヤモンド・グラフィック社
DTP ———インタラクティブ
印刷————堀内印刷所（本文）・共栄メディア（カバー）
製本————ブックアート
編集担当——寺田文一

ISBN 978-4-478-10093-6

りのカギだと考えています。志高き仲間とともに学ぶこの活動に、ぜひご参加ください。

最後になりましたが、本書は、ご紹介した各企業の協力なしには存在し得ませんでした。この場を借りて、御礼申し上げます。また出版に際しご尽力をいただいたダイヤモンド社の花岡則夫編集長、前田早章副編集長、寺田文一氏、編集にご協力いただいたクロスロード安藤柾樹氏、装丁をご担当いただいた斉藤よしのぶ氏、そして本書を執筆するにあたり、現場で奮闘したコンサルティングチームメンバー諸氏に、心より感謝申し上げます。

山本　剛史

この流れは、中小企業にとってはチャンスだと捉えるべきです。というのも、それぞれの地域に適した暮らし方の提案は、大手企業にはカバーし切れないからです。建築物そのものの提案はプロフェッショナルであっても、建てた後の暮らしの提案に関しては「現在研究中」。これでは今後、生き残れません。

暮らしが進化すれば、住まいも進化します。住まいが進化すれば、さらに暮らしも進化します。

どちらが先でも後でもなく、〝住まい〟と〝暮らし〟両面でのアプローチが関連業界には求められています。

紙幅の都合上、ご紹介できませんでしたが、先進的な取り組みを行っている会社はまだまだ多く存在します。今後も研究会での活動や、セミナー、書籍などを通じて、積極的に発信していきたいと思っています。興味のある方は、ぜひタナベ経営のホームページなどでご確認ください。

体感や体験を伴わなければ、価値観というものはなかなか変わりません。体感・体験を繰り返し、価値観が変わって初めてさまざまな気づきを得ることができ、次の行動へと移ることができます。

そして、時流（暮らしの価値）を踏まえたビジネスモデルづくりこそが、この業界での勝ち残

おわりに

ビジネスモデルづくりが生き残りのカギ

事例を通してさまざまな取り組みを見ていただきました。プロセスも施策もまったく異なる各社が、事業に対する思いと実行力で、市場の評価を勝ち取っていった様子を少しでもご理解いただけたのではないでしょうか。

住まいと暮らし分野の企業に求められているのは、今までの経済環境がつくり上げてきた業界の常識を、創造的に破壊することです。本書で紹介した企業のように、視点を変え、考え方を変え、行動を変えることで、目の前のチャンスを逃さず果敢にチャレンジしてください。

住宅業界は高度成長期以降、主に性能を重視したハード面に投資をしてきました。その結果、技術開発については世界トップレベルになったものの、ソフト面の提案は業界全体として遅れてしまいました。

その反省からか、このところ大手企業を中心に、個々の暮らし方を研究する組織を立ち上げる動きが見られます。「技術研究所」ではなく、「暮らしの研究所」という位置づけです。